사진으로 읽는 감성 에세이

오늘은 날고 싶다

임형묵

오늘은 날고 싶다

임형묵

수필과비평사

| 책을내면서 |

나는 왜 문학을 하는가, 왜 글을 쓰는가? 그런 질문에 어느 분은 세상에 시 한 송이 바치려고 글을 쓴다고 했습니다. 그런가 하면 어떤 이는 고단한 기억을 치유하려고, 또 다른 누구는 말라 버려선 안 될 사랑을 확인하고 싶어서 문학 따위를 아직도 붙들고 있다고 했습니다.

그런 그들과 달리 나는 뭔가 또 다른 나를 찾으려고 글을 씁니다. 책상에 다가가 컴퓨터 스위치를 누를 때마다 나를 가득 채우는 느낌이 듭니다. 글에서 어떤 의미를 찾는 일 외에도 내게 할 일이 있다는 것, 할 일이 생겼다는 것, 그런 맛에 글을 쓰고 있습니다. 삶이 고단하고 짜증이 나도, 또 어떤 때에는 슬픔에 눈물 흘리더라도 글을 쓰는 순간만큼은 마음이 편안해집니다.

펌프에 마중물을 부으면 그것이 물줄기가 되어 메마른 가슴을 적시고 온 대지에 물기를 돌게 하듯, 한 줄의 글은 나를 고단한 시간에서 빠져나오게 합니다. 잘 살아 오지는 못했더라도, 오점과 얼룩을 남긴 날이 있더라도 '흔적'을 기록으로 남길 수 있어 조금은 위안이 됩니다. 그것은 단순한 기록을 넘어 용기입니다.

첫 번째 수필집 『물소리 사람 사는 소리』에 이어 이번 작품집도 뭔가 준비했다기보다는 그동안 생활하면서 지울 수 없었던 기억을 끄집어 내 풀과 나무와 빗소리를 넣어 끓이고, 고향의 언덕에서 불어오는 바람과 눈보라로 맛을 내 보았습니다.

독자가 자기 앞에 놓인 현실에서 자신을 바로 볼 수 있도록 글을 쓰는 것, 그것이 작가의 임무이며 의무입니다. 여기에 실린 글 중 단 한 편이라도 독자들에게 휴식을 주고 마음의 양식이 된다면 더 바랄 게 없습니다. 숨 가쁜 일상에서 벗어나 '땀' 거두는 책으로 기억됐으면 하는 바람입니다.

아무튼 『오늘은 날고 싶다』 에세이를 내게 되기까지 여러 문우들의 손길과 지켜봐 준 가족들의 노고에 고마운 마음을 전합니다. 또한 수필에 빛을 들게 하고 물기를 축여 주신 수필가이며 평론가이신 눈재 한상렬 선생님께도 깊은 감사의 인사를 드립니다.

2011년 9월

가을로 가는 길목에서

元堂 임 형 묵

| 차 례 |

1

2

3

4

5

1.

가을 강

사람이나 나무나 눈에 띄면 남아나지 않는다. 곧게 자란 나무가 궁궐이나 절터로 보내지고 집의 대들보가 되듯 왕족의 피를 물려받으면 자신의 의지와 상관없이 나라의 재목이 되어야 한다.

반달

모처럼 공원에 나왔다. 초저녁인데도 여느 때와 달리 왁자하지 않다. 바람도 없다. 무엇인지 모르지만 나는 그 어떤 그리움에 하늘을 올려다본다. 반달은 채워지지 않은 욕망이 남아 있는지 수줍어하며 별 하나를 붙들고 있다.

달 아래서 몸을 드러내는 별. 사랑이 엷어지는 중년이 되면 남자가 수그러들듯 '개밥바라기별' 도 그러는가. 달 위에서 빛나고 있었는데 며칠 못 본 사이에 그 아래에 내려앉아 있다. 몸을 자꾸 낮추면 나중에는 어떻게 하려고. 자신의 존재를 가볍게 해서는 안 되는데. 별, 자전 방향이 지구나 다른 행성과 달리 반대라 해도 마음은 변치 말아야 한다. 수시로 마음 바꾸면 외로움만 남는다. 한곳에 집중하지 못하는 사랑은 방황만 있을 뿐이다.

공원을 거니는 연인들의 모습에서도 쓸쓸함이 묻어난다. 누가 먼저라 할 것 없이 손 내밀면 되는데 하늘에 떠있는 달과 별처럼 거리를 좁히지 못한다. 어떤 사랑을 간직한 사이이기에 다가가지 못하나. 달려온 세월의 흔적이 진해서인가. 아니면 허물지 못한 마음의 벽이 있나. 말없이 눈물을 흘리며 그려내는 사랑은 슬프다. 다가갈 수 없는 사랑이라면 나뭇잎에 매달린 빗물처럼 애처롭다.

반달을 볼 때마다 마음 설렌다. 반달이 떠오르는 날에는 가만히 손 내밀며 소곤소곤 사랑하고 싶어진다. 가슴속으로 노랗게 번지는 반달. 반달은 비록 몸이 반쪽이지만 또 다른 반쪽이 있어 서럽지 않다. 잃어버린 톱니바퀴를 찾아갈 때처럼 마음이 부푼다. 그믐달처럼 한이 서려 있지 않아 가슴으로 안고 돌 수 있는 달. 반달을 보고 있으면 서늘해진 가슴이 사르르 녹는다. 시인 정호승은 "아무도 반달을 사랑하지 않는다면 반달이 보름달이 될 수 있겠는가."라고 노래했다. '보름달이 반달이 되지 않는다면 사랑은 그 얼마나 오만할 것인가.' 하고.

공원 한 바퀴를 더 돌았다. 주변 풍경은 조금 전 그대로다. 수은등

만이 바람을 껴안으며 졸음을 쫓아내고 있을 뿐 바람도 자취를 감춘 뒤다. 달빛이 호수 위로 내려앉는다. 건물에서 비치는 색색의 네온사인이 그 위로 겹친다. 물결이 일렁이고 빛과 빛이 만나며 교합한다. 노랑과 빨강이 잘 어울린다. 떨어졌다가는 만나고 만났다가는 또 떨어지고. 사랑에 빠지면 연인들의 얼굴도 저런 빛깔로 물들겠지. 두툼한 점퍼를 걸쳤지만 괜히 손을 잡고 싶어진다.

반달은 아른아른했던 추억을 건드린다. 사진첩을 들여다보게 하고 저 깊은 곳에서 잠자고 있던 상념을 들춰낸다. 중학교에 들어가서 얼마 되지 않았을 때였다. 산 너머 능안 동네에 사는 친구 집에 놀러 갔다가 겁도 없이 한밤중에 능선을 타고 넘어오는 중이었다. 시곗바늘이 어디쯤 와 있는지 확인하기조차 싫었던 그런 밤이었다. 그날따라 왜 그리 마음이 콩닥콩닥 뛰던지. 발걸음마저 주정뱅이처럼 비틀거렸다. 가야 할 길을 제대로 가지 못하고 엉뚱한 데로 벗어나기도 했다. 그렇게 어찌어찌하다 동갑내기 여자애 손을 잡았다. 그날따라 달빛이 왜 그리 그윽하던지. 몸이 떨려오던지…….

달이 뜨고 지기를 여러 번. 그렇게 시간이 흘러갔다. 그러던 어느 날 내게도 기적 소리와 함께 큐피드의 화살이 날아들었다. 공교롭게도 나는 반달이 뜨는 시각인 정오에 맞춰 공중전화 부스로 달려갔다. 100원짜리 동전이 전화통으로 달그락거리며 떨어지면 가슴 저편에서는 소낙비 소리가 올라왔다. 그때마다 달뜬 마음을 가라앉히려고 될 수 있으면 젖은 목소리를 냈다. 달빛에 물든 소리를. 그런 목소리가 좋은지, 아니면 반달 때문에 그랬는지 모르지만 그녀는 자리를 뜨지 않고 전화를 받았다. 내가 할 말이 없어 매번 같은 말을 되풀이해도 그녀는 내색하지 않았다. 그렇게 서로 마음이 어우러져 갔고 움직이는 시간 속에서 떨어져 있던 그림 조각들은 서서히 제자리를 찾기 시작했다. 그리고 그 해 12월, 속삭임은 겨울 햇살처럼 빛났다.

달은 스스로 빛을 내지 못한다. 태양광선을 받아야 빛을 낸다. 태양 · 지구의 위치에 따라 그 모습을 바꾸어가는 외로운 존재다. 그런데도 나는 모험 · 질주 · 낯섦 · 항해, 그런 단어들에만 눈이 가 있었다. 그녀가 달빛을 닮고 싶어 하고 달빛으로 물들기를 원하는데도 그 빛마저 희미하고 쇠잔해지도록 내버려두기도 했다. 그녀의 얼굴 뒤에 숨겨진 그림자를 읽어내기는커녕 또 다른 수수께끼를 만들곤 했다. 삶이 뭐 대단한 거라고. 지나간 세월의 흔적이 아프다. 달 속에 감춰진 그림자를 들춰낼 때는 서럽다.

호수 공원 건너편 빌딩 사이로 사람들이 흘러들어 가고 되밀려 나온다. 한 무리의 젊은이들이 그들만의 언어로 밤하늘을 수놓으며 어둠 속으로 사라진다. 밤바람이 제법 싸늘하게 느껴지는 것을 보면 시간이 꽤 흐른 것 같다. 아파트 창마다 불빛이 더해진다. 거리의 자동차들도 경적 소리를 내며 귀가를 서두른다.

계절이 변해도 별은 모양을 바꾸지 않는다. 달 모양에 상관 않고 어디서든 빛을 낸다. 수만 ㎞ 밖에서 빛날지라도 달의 존재를 잊지 않는다.

가만히 반달을 올려다본다. 지나간 추억이지만, 지워낼 수 없는 흔적이지만 지워 버려야 한다. 회오리바람 불고 눈보라 이는 마음 다잡아야 한다. '개밥바라기별' 을 만난 게 행운이다. 행운아다.

반달이 살며시 떠오르는 날에는 어찌나 몸이 떨려오는지 괜히 섬뜩섬뜩해진다. 오늘따라 달빛이 짙다. 달빛이 그날처럼 밝다.

(『중부매일신문』, 2009. 03. 20, 에세이 뜨락)

가만히 수술대에 오른다. 옆방에서 나는 미세한 소리조차 그냥 흘려보내지 못한다. 수술 도구를 다루면 그 소리에 놀라 몸이 움찔움찔한다. 기다리는 시간이 두려워 아예 눈을 감는다. 누군가 수술실로 들어오는가 싶더니 내 목에 턱받이 천이 걸리고 얼굴 가리개가 씌워진다.

나는 안중에도 없다는 듯 둘이 도란도란 얘기를 나눈다. 귀에 익지 않은 목소리는 누굴까? 전담 간호사처럼 풋풋한 맛이 없다. 말끝이 올라가고 발음은 꼬부라진다. 늘 쓰는 우리말인데도 간혹 소통되지 않아 쩔쩔맨다.

다루는 이야기가 전문 용어라 제대로 알아들을 수 없지만, 치과 수술과 진료에 관한 내용 같았다. '귀에 익지 않은 목소리'는 궁금한 것도 많다. 치석을 제거하고 잇몸 주변을 소독하느라 정신없는 간호사에게 진료과정을 묻고 또 묻는다. 가르침을 받는 전문의 자랑을 하고 잇몸 절개와 봉합술, 발치拔齒와 마취 기술도 그에게서 배웠다며 묻지도 않은 말까지 한다.

라이선스(license)를 받으려고 현장 실습을 나온 여대생이다. 환자의 고통은 아랑곳하지 않고 분위기에 들떠 있다. 하긴, 그 나이면 철부지 아닌가. 수술대에 누워 있어 실습생의 모습을 확인할 수 없지만, 목소리나 대화 내용을 미루어 볼 때 생기발랄할 것만 같았다.

마음 같아선 그녀들의 수다에 끼어들고 싶다. 집이 어디고 가족이 몇이며 지금 만나는 사람이 어떻다고 하는데 입이 근지러워 견딜 수 없다. 실습생이 22세면 군대에 가 있는 아들과 나이가 같다! 더군다나 청주 봉명동에 집이 있고, 그 아이의 아빠도 나와 나이가 같다. 그러나 어쩌랴. 입을 벌린 채 치아 본을 뜨는 중이니.

바라볼 수 없고 말할 수도 없다. 그녀들의 수다에 수긍이 가면 고개를 끄덕이는 수밖에 없다. 다른 의사 표시 수단이 마땅치 않다. 실습생은 그런 내 마음을 알아채고 말을 걸어온다.

"아저씨도 저와 같은 딸이 있어요?"

나는 고개를 끄덕여 보였다. 실습생은 그런 내 모습이 우스운지 엷은 웃음을 터트린다.

"나중에 시집을 가면, 둘 다 같은 일을 하는 사람이 좋을 것 같은데, 어때요?"

사실, 간호사에게 의중을 떠보는 거지만, 어쩌면 나도 들어 보라는 소리처럼 들렸다. 간호사는 그 말에 만날 둘이 같이 있으면 갑갑해서 어떻게 사느냐고 어깃장을 놓는다. 나도 그렇다는 대답으로 또다시 고개를 끄덕여 보인다.

사람으로 태어나서 말 못하는 것만큼 답답한 것도 없다. 이렇게 누워 말 벙어리 신세로 갖은 몸짓을 한들 느낌이 제대로 전달될 리 없다. 실습생에게 궁금한 게 많은데 진료 시간은 강가의 수양버들처럼 축축 늘어진다.

아! 하고 입을 벌렸다. 그동안 입안을 채웠던 작업도구가 빠져나왔다. 재갈이 풀린 것마냥 후련했다. 나는 기다렸다는 듯이 실습생에게 그동안 하지 못했던 말을 쏟아냈다.

"아까 직업 얘기했잖아. 내 생각에는 말이야. 서로 다른 분야의 일을 하는 사람을 만나면 좋을 것 같은데?"

"거 봐. 맞잖아."

간호사도 내 말에 동조하듯 한 수 거든다.

"같이 있으면 서로 으르렁대거든. 중간이란 게 없어. 다 잘났다고 싸움질이지. 의술을 배우니까, 신랑은 사무를 보는 사람이 좋을 것 같은데. 생각해 봐. 음과 양의 조화도 맞고."

실습생은 내 말을 이해하는지 어떤지 모르지만 자기가 지금 만나는 사람이 기계공학을 전공한다면서 말끝을 흐린다. 사실 나는 아들이 경영학을 공부하고 있어 실습생의 속마음을 떠보고 싶어 그렇게 말한 것뿐이다.

자리에서 일어나 수술대에서 내려오는데 실습생은 내게 사진을 찍자며 팔을 잡아끈다. 그런 갑작스러운 행동에 의아해하니까, 오늘이 실습 마지막날이고 내가 마지막 환자라며 의미를 부여한다. '나 대신 아들과 다정스럽게 사진을 찍으면 좋을 텐데.' 그러한 생각도 잠시, 나는 얼굴도 못생겼고 게다가 볼에 마취가 풀리지 않아 사진이 잘 나오지 않을 거라 해도 실습생은 막무가내다. 어느새 디지털카메라를 가지고 나오더니 자기 아버지를 대하듯 나를 창가 쪽으로 잡아끈다.

차근차근 외모를 살피니 아이의 눈망울이 초롱초롱하다. 늘씬한 키에다 몸매도 호리호리하다. 얼굴이 까무잡잡한 것과 외동딸이 마음에 걸리긴 하지만 물 좋고 정자까지 좋은 곳이 어디 흔한가. 더더군다나 그 아이 아버지의 직업이 의사라 하지 않던가. 가정 형편이 넉넉하니까 아이가 중학교를 마치자마자 터키로 유학을 보냈을 것이다.

카메라에 올라온 사진이 생각보다 잘 나왔다. 만남은 우연일 수 있지만 만들어가는 것일지도 모른다. 봄이 오려면 목련과 개나리가 피고 아지랑이가 돌듯 아들과 짝을 맺을 수 있는 행운의 징후가 아닐까? 그러한 생각이 들자 나는 소중한 인연을 놓칠 수 없어 아이에게 사진을 찍어줘 고맙다며, 내가 쓴 수필집이 있는데 선물로 줘도 되느냐고 물었다. 아이도 싫지 않은 표정을 지어 보인다.

타지에서 아들이 대학 입학시험을 치르고 난 후의 일이 생각난다. 지하철을 이용해 집으로 돌아오는 중이었다. 객실 한쪽엔 시험을 보고 나온 여학생들이 여럿 보였는데 '단발머리'가 유난히 눈에 들어왔다. 요리조리 용모를 살펴봐도 됐다 싶었다. 그런데 아들은 단발머리에게 전혀 관심을 두지 않았다. 내가 그렇게 눈치를 보내도 아들은 부끄러워 말 한마디 건네지 못했다. 노선이 바뀌어 지하철을 바꿔 타도 지하철에서 내려서도 아이는 묵묵부답이었다. 나는 단발머리 뒤를 따라가며 아들에게 물었다.

"아빠가 다리 놔 줄까?"

"여자애 키가 너무 커. 그러면 싱겁다며?"

"수줍어하긴 사내자식이!"

그 후 나는 어디를 가든 아들 또래 여학생을 보면 그냥 지나치지 못한다. 가끔 오해를 사면서도 말이다.

파장인가? 실습생으로부터 메일이 없다. 사진이라도 미리 받아보고 싶은데 벌써 이틀이나 지나갔다. 혹시나 그 아이가 병원에 다녀갔나 하고 간호사에게 물어보고 싶었지만, 괜히 주책을 부리는 건 아닌가 하여 몇 번이나 전화기를 들다 말았다. 고도를 기다리는 블라디미르와 에스트라공의 심정도 이러했을까. 보고 싶고 궁금한 게 있어도 진료를 예약한 날까지 기다려보기로 했다. 아이의 실습 평가 결과가 나오는 날도 그날이니 말이다.

하늘에 뭉게구름이 피어오르고 석양이 물들어도 풍경이 눈에 들어오지 않는다. 비행기를 보면 혹여 그 아이가 터키로 날아가는 건 아닌가 하여 먼산바라기가 된다.

(『에세이 포레』, 2010, 여름호)

그녀를 도와줘

갑자기 나는 사방이 낯설어졌다.
늘 보던 창이 없고 창에 비치던 낯익은 얼굴이 없다.
산과 집, 나무와 꽃이 눈에 설고 스치는 얼굴이 하나같이 멀다.

신경림 시인의 시 「사막」 도입부다. 지금 그녀의 처지도 별다르지 않다. 언덕에서 불어오던 바람과 사과나무 그늘서 땀 훔치며 바라보는 하늘도 이제는 없다. 수건을 둘러쓰고 호미질하는 그녀의 봄은 당분간 오지 않을 듯하다.

"서울로 데려간다기에 큰 병원에 입원시키는 줄 알았지. 그런데 그게 아녀. 병원은커녕 방안에 처박아 넣는 겨. 치료비와 간병비도 큰딸이 내줬어."

그녀의 하소연이 이어진다.

"내가 무슨 죄가 크다고 이 지경으로 만들어. 자식 있으면 뭐하고 돈 있으면 뭐해. 복숭아뼈가 으스러지고 뭉그러져 인공 뼈를 갖다 붙이고 그것도 모자라 뼈를 지지하라고 철심을 박았는데, 그런 상태에서 어떻게 보름 만에 퇴원을 시켜. 사람 노릇 못할 거면 차라리 죽게 내버려나 두지……."

그녀는 구정을 앞둔 전날 저녁 무렵 이웃집에 놀러 가는 중에 사고를 당했다. 길이 얼어붙어 조심한다 했지만, 왼쪽 다리가 접힌 상태에서 양쪽 다리가 일자로 찢어지듯 미끄러지고 말았다. 처음엔 대수롭지 않을 거라 생각했는데 갑작스레 몰려드는 통증으로 그녀는 몸조차 가누지 못했다. 그런데다가 집이 외지고 과수원으로 에둘러 있어 그녀는 누구의 도움도 받을 수 없는 형편이었다. 설상가상 동네병원마저 명절을 앞둔 터라 열지 않아 응급조치조차 받지 못했다. 결국 그녀는 뒤늦게 그 소식을 듣고 달려온 둘째딸과 뜬눈으로 밤을 새우다 이튿날이 되어서야 큰 병원으로 옮겨졌다.

그런 중증 환자가 치료는커녕 방안에 갇혀 가족들의 눈치를 살핀다. 치료를 제대로 받지 않으면 평생 다리를 못 쓰게 될지 모르는데도

지금 그녀의 처지로는 아무것도 할 수 없다는 대답뿐이다. 말을 하던 중에 며느리가 집으로 들어오는지 그녀는 다급하게 전화를 끊는다.

아침에 다들 집을 나가면 그녀는 방안에 혼자 남는다. 햇살이 눈부셔도 꽃과 나비가 춤추는 향연은 허용되지 않는다. 그저 부러진 다리를 움켜쥐고 창밖 하늘을 내다보는 일이 전부다. 관객 없는 텅 빈 무대 위에서 독백하며 혼자 일어서는 연습을 한다. 화장실 가는 게 겁나 물도 마시지 않고 먹는 것도 줄인다고 했다. 그런 몸으로 택시를 부르고 혼자 병원을 오가며 통원치료를 받는다.

그녀에게 삶이 무엇이냐고 묻지 말 일이다. 억지로 물어 청산가리를 입에 털어 넣게 할 우를 범하게 해서는 안 된다. 바다 구경 가자고 꼬드길 일도 아니다. 모래사막을 걷는 그녀를 상상하는 것조차 무섭다.

원무과 의자에 대기하고 있던 60이 넘어 보이는 아주머니도 내 얘기를 듣고는 혀를 끌끌 찬다. 집안에 여자가 잘 들어와야지 허울 좋다고 데려왔다가는 떠받들고 살지도 모른다며. 오죽하면 아들이 일류대학 나오면 국가에 바치는 거고, 그보다 좀 못 나면 장모만 호강시키는 일이라는 말이 떠돌까. 하긴, 보험금을 타내려고 가까이에 있는 사람을 죽음으로 내몰지 않나, 자식이 부모를 내다 버리기까지 하는 세상이다. 시어머니가 연금을 타는지 알아보고 시집을 간다고 버젓이 말하는 요즈음이다.

호사다마라고 했던가. 보릿고개를 넘는 시절에도 그녀는 남부러울 게 없이 쌀밥을 먹었다. 그런데 남자 얼굴 하나 보고 시집을 간 게 잘못이라면 잘못이었다. 남자는 얼굴만 반반했지, 가정 돌보는 일은 뒷전이었다. 난봉꾼을 만나고 노름에 빠지고 술만 퍼 댔다. 배운 게 도둑질이라고 다방을 들락거리다 결국 있는 돈 없는 돈 다 빼서 밤중에 집을 나가버렸다. 그때부터 그녀의 인생은 뒤틀렸다. 부역을 나가고 트럭에 실려 땅콩을 심고 고추를 따는 일까지 해야 했다.

그녀는 조개껍데기 안에 있는 물컹거리는 조갯살처럼 자식에게 대항할 힘이 없다. 창고에 처박힌 아무짝에도 쓸모없는 물건이나 다름없다. 눈에 띄지 말았으면 하는 경멸하고 싶은 한 마리 벌레 같은 존재. 산다지만 진정 자기 자신의 삶이 아닌 껍데기를 깨고 나오지 못하는 삶이다.

인간이 인간으로 사는 길은 존재 인식이다. 겉으로 드러난 모양새를 탓하지 않고 못 배우고 없어도 그것을 문제 삼지 않아야 한다. 있는 그대로 받아들이고, 있는 그대로 바라보아 주는 가족이 옆에 있어야 한다. '너' 로 인해 내가 있고 '너' 를 인정해줄 때 '내' 가 존재한다. '나' 라는 울타리에서 벗어나지 못하면 진정 '우리' 는 없다.

지상의 모든 존재는 외롭다. 날이 어두워지면 사람이나 짐승이나 둥지로 돌아온다. 명예와 권세가 아무리 드높아도 옆에 누가 있어줘야 그 이름은 빛난다. 이름을 불러줄 때 비로소 진정한 꽃이 된다. 꽃을 피운다.

병원 문을 열고 밖으로 나왔다. 눈이 내리나 했는데 봄비가 부슬부슬. 어둠이 찾아드는 도로엔 집으로 향하는 사람들과 자동차 경적 소리로 요란하다. 다들 그렇게 집으로 돌아가고 있지만 그녀는 집에서 나오고 싶어 한다. (『중부매일신문』, 2009. 05. 08, 에세이 뜨락)

가을강

시퍼런 강물을 내려다보며 어린 소년의 고독과 마주한다. 모진 숙명 속에 피지 못하고 시들어 버린 혼. 물결이 일렁일 때마다 두 눈을 휘둥그레 뜬 소년의 얼굴이 비친다. 소형 엔진을 얹은 쪽배도 역사 속의 슬픔을 아는지 통 통 통 통 힘겹게 운다. 비통함에 몸서리치며 죽어간 영혼의 울부짖음을 달랜다.

조금 전 부친의 주검을 앞에 두고 통곡하던 동료의 얼굴이 지워지지 않는다. 그녀는 조문객이 온 것도 모른 채 오열하고 있었다. 망자의 죽음이 안타까워 울다 지쳐 쓰러지고 복받쳐 오는 한스러움에 땅을 치기도 했다. 애타는 마음 어이할까. 그녀는 우리 일행이 승용차를 놔두고 대형 버스를 임대해 청주에서 영월까지 왔다고 하자, 그 고마움에 참았던 눈물을 훔쳐내며 덥석 손을 잡고는 놔주지 않았었다.

어찌 주검이 이리도 다를 수 있으랴. 하늘의 부름을 받고 가는 거라면 어느 주검이든 헛되지 않아야 한다. 신분고하를 막론하고 그 죽음 가볍게 해 강물까지 울게 해서는 안 된다.

삼면이 강으로 둘러싸이고 북쪽은 험준한 준령이 가로막은 청령포. 숲은 큰 소나무들이 즐비해 수려하지만 시간이 멈춘 듯 고요하다. 사람들이 찾아들지 않으면 절간이요, 새소리마저 들리지 않는다면 육지 속의 섬이나 다름없다. 지금이야 둔덕이 깎여 나가고 강바닥이 자갈과 모래로 메워져 그 깊이가 덜하지만 600여 년 전 이곳 물속은 깊고도 깊거니와 피비린내가 진동했었을 것이다.

자신의 의지와는 상관없이 왕위에 올랐다가 시퍼런 칼날에 저항하지 못한 단종. 그 어린 왕은 1456년 6월 여름이 시작될 무렵에 폐위되어 이곳 청령포로 유배된다. 권력에는 피도 눈물도 없다. 아버지 문종은 국사를 돌볼 수 없을 만큼 병세가 심해지자 집현전 학자들에게 단종을 잘 보필하라는 고명을 내리고 왕위를 물려주지만, 수양대군은 권력에 눈멀어 어린 조카를 노산군으로 강등하여 영월로 귀양 보낸다.

한번 들어오면 다시는 뭍으로 나갈 수 없는 청령포. 17세 소년은 고립감에 무심한 강물만 바라보았을 것이다. 바람이 얼굴을 간질이고 구름이 계곡을 휘돌아간들 그 정취를 마음속에 온전히 담을 수 있었을까. 차라리 풀꽃이라면 벌과 나비라도 불러들여 위로받을 텐데 첩첩산중이라 오가는 이 없어 혼자 보내야 했다. 천릿길 한양에 두고 온 송 씨를 불러본들 목소리는 육육봉에 부딪쳐 산산조각나 구름처럼 흩어졌을 것이다.

어린 왕은 얼마나 두려웠으면 해가 저물기도 전에 사립문을 닫으라 했겠는가. 맹수의 울부짖음보다 고독이 더 무서웠을 것이다. 푸른 솔이 동산에 우거지고 냇물은 돌에 부딪히며 소란스러워도 벗이 되어주지 않았다. 소년은 섬 아닌 섬에서 강물에 고립된 채 허탈감에 괴로워하고 고독감에 몸부림치며 울부짖어야 했다. 비록 누더기 옷을 걸치고 먹지 못해 배곯더라도 저잣거리의 아이로 태어났으면 하고 바라지 않았을까.

결국 비운을 타고난 어린 왕은 낙엽이 져가는 10월의 끝자락에 생을 마감한다. 이른 나이에 권좌에 오르지만 권력의 냉혹함에 치를 떨다가 강물에 던져진다. 찰나의 삶을 살지만 천추의 한을 가슴에 안은 채 역사 속으로 사라진다. 피 끓는 절규에 강물이 운다. 흘린 눈물이 강을 타고 흐른다.

장릉에서 내려오는 길에 땀을 식히려고 나무 그늘로 발걸음을 옮겨 갔다. 몸체가 유난히 구부러진 소나무가 눈길을 사로잡는다. 가던 걸음 저절로 머문다. 보통 소나무라면 몸통이 올곧고 가지가 옆으로 죽죽 뻗는데 어쩐 일로 이곳 소나무는 가지로 자신의 몸통을 휘감으며 세월을 이고 있는 걸까?

어린 왕의 죽음을 위로하려고 그때부터 소나무는 가지가 뒤틀어졌는가. 고요히 잠든 영혼에 예를 다하려고 몸을 구부리며 거친 비바람을 막아내 왔는가. 나무 그늘에 있는 게 도저히 송구스러워 조용히 자리를 털고 일어나야 했다.

사람이나 나무나 눈에 띄면 남아나지 않는다. 곧게 자란 나무가 궁궐이나 절터로 보내지고 집의 대들보가 되듯 왕족의 피를 물려받으면 자신의 의지와 상관없이 나라의 재목이 되어야 한다. 뒤주에 갇혀 세상에 나오지 못한 왕자도 있고 지병으로 권좌를 일찍 내준 임금도 있지만 역사는 사람을 가려 쓰지 않는다.

강가를 돌아 나오면서도 마음이 착잡하다. 두 분의 죽음이 비교돼 가슴이 아리다. 세상과 결별할 때만큼은 사랑하는 가족이 옆에서 지켜줘야 한다. 어떤 이가 부귀영화를 누리다 가든 한 줌의 모래알처럼 흩어진 삶을 살다 가든 죽음은 다르지 않아야 한다. 애달픈 마음으로 통곡하고 서로 위로해야 떠나가는 영혼이 처량하지 않다. 그냥 버려지는 죽음이라면 서럽다. 죽음 뒤에 또 다른 세상이 기다리고 있다고 들 하지 않는가.

청령포에는 역사의 뒤안길로 사라진 영혼을 위로하는 사람들로 넘쳐난다. 관광버스가 수없이 드나들며 애절한 역사와 마주한다. 아득히 멀어져간 시간과 만난다. 술 한 잔 걸치며 소요를 부리던 사람들도 강가에 서면 처연해진다. 떠나간 어린 왕의 슬픈 노래라도 들어보려고 배에 오른다.

차를 타고 돌아오는 동안에도 '숙부! 숙부! 살려주세요. 권좌도 싫고 재물도 필요 없으니, 제발 목숨만 살려 주세요.' 라고 울부짖는 어린 왕의 외침이 들리는 것 같아 좀체 눈을 붙일 수 없었다.

(2009, 군포 백일장 전국 공모전 장려상)

배롱나무의 전설

화단에 심긴 배롱나무 한 쌍을 유심히 지켜본 것은 지난해 여름부터다. 여름 지나 초가을까지 꽃봉오리를 내며 무수히 꽃을 피워 올리는 그 끈기에 고개가 저절로 숙여지고, 잎사귀에 뚝뚝 떨어지는 붉디붉은 정열을 볼 때마다 질투가 느껴진다. 여자들을 꽃에 비유하는 이유도 그런 이유 중의 하나이다. 꽃을 피우되 서릿발 같은 절개가 있고 벌이 날아들어도 꽃잎을 쉽게 열지 않기 때문이다.

동쪽에 심긴 것은 슬픔의 켜가 두꺼운가. 한시 한날 선택되어 '아름다운 정원' 을 꿈꿔왔지만 전혀 다른 길을 가고 있다. 반대편 것은 풍채가 좋아 마치 어린아이들이 둥그렇게 둘러앉아 공기놀이하는 모양인데 잎사귀가 말려들어 가고 진딧물을 껴안고 산다. 나무껍질이 벗겨져 나가고 표면도 매끄럽지 않다. 그런가 하면 꽃도 10여 일 이상 뒤늦게 올라오고 지는 것은 되레 빠르다.

한 장소에 심어졌는데 어찌 이런 차이를 보이는 걸까? 며칠을 두고 생각해봐도 그 원인을 알 수가 없었다. 그러다 우연히 화통을 삶아 먹는 소리가 나는 곳으로 발걸음이 옮겨졌다. 전산실 쪽이었다. 기계음이 요란한데다 뜨거운 열기가 그 주변으로 뿜어져 나오고 있었다. 숨막히는 바람은 화단에 심어놓은 작은 회양목까지 세차게 흔들어대고 있었다.

슬픈 전설의 노래는 16~7년 전으로 거슬러 올라간다. 당시 우암동에 있던 교육청 건물이 낡고 비좁아 1991년도에 현 위치로 신축 이전할 당시 전산실을 동쪽 화단 쪽에 배치했다. 어느 누구의 손길에 의해 운명의 화살이 꽂혔는가. 세상 만물은 그것을 지배하는 사람에 의해 선택될 수밖에 없는가. 동쪽의 배롱나무는 그때부터 뒤틀리는 삶을 살아야 했다. 전산실에서 뿜어져 나오는 뜨거운 열기와 소음에 몸뚱이를 맡긴 채 자신이 가고자 했던 길이 아닌 다른 길을 가야만 했다. 자신의 의지와는 상관없이 절박한 땅에서 숨죽이고 있어야만 했다.

인간도 태어날 때부터 가는 길이 정해져 있는지 모른다. 삶을 뒤돌아보면 하루라도 편안한 날이 없는 것 같다. 나이를 먹어 갈수록 좋은 일만 있어야 하는데 걱정거리만 안고 산다. 고민을 털어내다가 하루해가 저무는 날도 있다. 노인 분들은 자식들을 키워놓고 편안할 것 같으면 세상을 뜨는 경우가 많다. 그렇게 죽을고생했으면 자식 어루만지며 누릴 일만 남았는데 좋은 세상에서 어깨 한번 펴보지 못하고 복

福을 놓고 간다.

죽음과 절망의 한계 상황에서도 운명을 개척할 수 있다 하지만 동쪽 화단에 심겨진 배롱나무처럼 자신의 삶을 어찌하지 못하는 경우도 있다. 숙부 예종이 승하하고 조선의 제9대 임금에 오른 성종成宗도 자신의 의지와는 상관없이 예종의 외아들 제안대군과 기세등등하던 세조의 장손인 월산대군마저 밀어내고 왕위에 올랐다. 남다른 능력을 지녔음에도 신분상승을 하지 못하고 초로草露보다 못한 삶을 살았던 시인 묵객들도 있다. 허균은 물론 그의 스승인 문장가 손곡 이달도 서얼 출신이라는 이유만으로 글재주를 펴보지 못하고 세상을 떠났다. 특출한 용모에 송도삼절松都三絶로 불리었던 황진이는 중종 때 진사進士의 서녀庶女로 태어나는 바람에 기고한 삶을 살아야 했다.

아이러니하게도 2000년도에 우리의 가슴을 뜨겁게 달궜던, 산부인과 신생아실에서부터 운명이 뒤바뀐 자매의 비극적인 사랑을 그

려낸 KBS 2TV 드라마 「가을 동화」에서도 주인공 송혜교는 뇌종양으로 투병하다 죽음을 맞이하지만, 현실에서는 아역 배우들의 운명이 뒤바뀌고 만다. 송혜교의 아역 문근영이 국민 여배우로 잘 나가는 것

과는 달리 한채영의 아역이었던 이애정은 2007년 10월에 뇌종양으로 투병하다 숨을 거둔다.

이런 걸 보면 사람의 운명은 하늘에 달려 있다고 믿을 수도 있다. 자신의 의지로는 어쩔 수 없는. 그렇더라도 무턱대고 운명을 바라보고 있을 수는 없다. 인생을 보이지 않는 신神에 맡길 수도 없다. 가슴속에 늘 응어리진 걱정거리를 두고 살면서 어느 길로 갈 것인가 저울질하지만 생명이 존귀하기에 견뎌낸다. 처한 환경에 괴로워하며 빠져나갈 수 없는 무저항의 상황에서 울기도 하지만 불꽃같은 희망이 있어 적응해 간다. 욕망의 자유에서 벗어나지 못하고 실패를 반복하는 시간에 그냥 얹혀살지만 인생이 아름답기에 서로 어깨를 내어준다.

옛날 어느 어촌에 목이 세 개 달린 이무기가 나타나 매년 처녀 한 명씩을 제물로 받아 갔다. 그때 한 장사가 제물로 선정된 처녀 대신 옷을 갈아입고 제단에 앉아 이무기를 없앨 작정을 한다. 장사가 칼로 이무기의 목 두 개를 베자, 처녀는 기뻐하며 "죽은 목숨을 살려줬으니 끝까지 당신을 모시겠다."며 매달린다. 그래도 장수는 이무기의 남은 목을 마저 베어야 한다며 청을 사양한다. "내가 성공하면 흰 깃발을 달고, 내가 실패하면 붉은 깃발을 달 것이니 그리 아시오." 처녀는 지극정성으로 백일기도를 드린다. 그런데 붉은 깃발이 걸린 것을 보자마자 처녀는 자결하고 만다. 사실 이무기가 죽어가면서 뿜은 피가 깃발에 묻어 붉어진 것인데 처녀는 장사가 죽은 줄로 안 것이다.

배롱나무의 전설은 어쩌면 우리의 무책임한 인생을 꾸짖는 것인지도 모른다.

(『계간 웹북』, 2009, 봄호)

2050

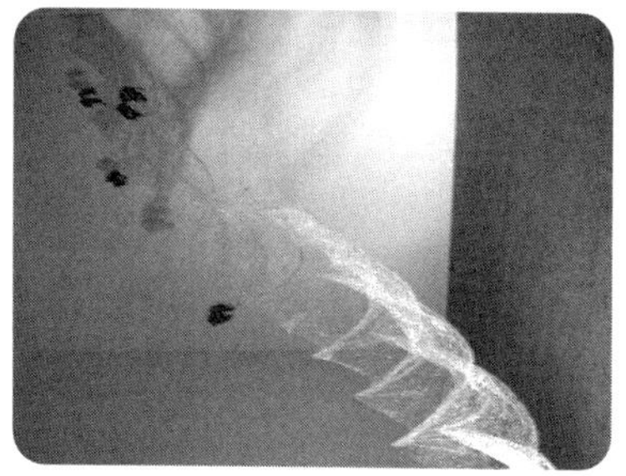

「시간 여행자의 아내」의 남자 주인공 헨리가 과거 현재 미래를 넘나들며 사랑을 찾아가듯 다가올 미래를 기대하며 상상의 날개를 펴는 것도 재미있을 것 같다. 그때엔 '매트릭스' 의 가상현실처럼 인공 지능을 가진 컴퓨터가 인간의 기억을 지배하거나, 지구의 대체에너지를 찾아 파라도 행성을 탐험하는 '아바타' 와 같은 희한한 일이 눈앞에 펼쳐질지도 모른다.

편안한 휴식을 취하고 싶지만 학술 세미나가 임박해 있다. 발표 자료 마무리와 참석자의 면모를 미리 봐두어야 한다. 다행스럽게도 컴퓨터 본체와 연결된 뇌 진동 공명 장치(LIFE& READER SYSTEM)는 마음을 읽어내듯, 내가 말을 하거나 구상한 느낌을 고스란히 컴퓨터 화면에 옮겨 정리한다. 자동 검색 기능을 활용해 오류를 찾아내고, 발표 주제와 연관된 각국의 프레스키트(PRESS KIT)까지 올려줄 정도로 작업이 만족스럽다.

일을 끝내고 강변으로 나왔다. 바람이 시원하고 물소리도 청량하다. 발걸음이 가볍다. 한데 숨이 턱까지 차오른다. 호흡도 일정치 않다. 얼른 '리미트폰' 을 꺼내 건강관리 모드로 전환하고 심장 박동 상태를 검사했다. 계기판의 눈금이 심하게 움직인다. 무리한 활동을 경계하라는 신호다. 라디오파를 이용한 검색장치는 심장이 뛰는 미세한 변화까지 읽어낸다. 주치의인 닥터 J마저 될 수 있으면 바깥출입을 삼가는 게 좋겠다고 조언한다.

현대 의술이 진일보해 설령 몸에 병이 들어도 두렵지 않다. 닥터들은 연일 바이오 프린터로 줄기세포를 만들어내고 인공장기를 프린트처럼 찍어낸다. 맞춤식 의료 서비스가 가능하다. 응급환자들은 복잡한 절차나 과정 없이 그때그때 필요한 인공 장기를 정부가 공인한 병원에서 값싸게 이식받는다. 리미트폰으로 두뇌파를 스캔하고 혈당, 혈압, 장기 상태 등 각종 정보를 건강 인증센터로 전송하면 건강센터에서는 생명 인증코드를 조회하여 그 사람의 건강 이상 유무와 머무는 장소까지 알려준다.

다음 날 일정이 궁금해 HLAP(가정생활 도우미 프로그램)을 검색해 보니 오전 10시에 화상 회의가 잡혀 있다. 오후에는 독도에서 열리는 세계박람회 방문이 예정되어 있다. 다행히 건강 수치는 정상 구간에 와 있다. 먼 길을 다녀와도 된다는 신호다. 거실 벽에 걸린 날씨 정보

단추를 누르니 날씨에 맞는 차림까지 알려준다. 여느 때보다도 가벼운 차림으로 집을 나설 수 있어 좋다.

태양열로 움직이는 차량으로 교체했더니 안정감이 있고 속도감도 좋다. 물을 연료로 하는 차량은 공해가 심한 곳에선 잔고장이 있다 하고, 대용량의 리튬이온 배터리를 갈아 끼우는 하이브리드 자동차도 번거롭기는 마찬가지라 큰 마음 먹고 장만했다. 꾀돌이(언제나 내 곁에서 비서 역할을 하는 로봇)는 박람회장으로 가는 내내 차량을 조심조심 운전해 간다. 고속도로가 막히면 교통제어 위성과 교신하면서 편안하게 길을 안내한다. 운전을 하면서도 BMP(업무관리프로그램)을 열어 거쳐 가는 지역의 날씨 정보와 공장 시설은 물론 그날 발생한 사건사고까지 알려준다. 그 지역의 산업 현황을 뽑아내고 테마파크와 박람회 콘텐츠 자료를 챙긴다.

꾀돌이는 내가 묻지도 않았는데 며칠 머물 거면 주변의 숙박 장소와 음식점을 알아봐 주느냐고 물어온다. 틈틈이 내 건강상태를 체크하고 기분을 살피는 일을 소홀히 하지 않는다. 때에 맞춰 밥 한 공기 분량의 열량과 거의 맘먹는 300kcal짜리 캡슐을 건네는가 하면, 내가 지루해하는 것 같으면 잔잔한 협주곡을 들려주고 「시간 여행자의 하루」 단편 영화를 틀어준다.

잠깐 눈을 붙였는가 싶었는데 벌써 목적지다. 막 차에서 내려 학술세미나가 열리는 박람회장으로 가는데 꾀돌이가 내게 신신당부를 한다. 오늘같이 습도가 높고 끄무레한 날에는 사람들의 기분 상태가 민감하고 화를 잘 내니 될 수 있으면 목소리를 밝게 하란다. 강한 주장은 오히려 역효과가 나니 그때그때 분위기를 살피는 것도 잊지 말란다.

학술 세미나를 마치고 저녁 만찬장에 들어서니 사람들로 넘쳐난다. 외국인들은 물맛이 좋다며 어디서 생산한 거냐고 묻는다. 물을 서로 사 가겠다고 야단이다. 하긴, 물 맑은 독도 저 깊은 바다 밑에서 심층수를 건져 올렸으니 물맛이 좋지 않을 리 없다. 미네랄이 풍부하고 게르마늄 성분까지 함유되어 있어 비싸게 팔려나간다.

먼 길을 다녀와 피곤했지만 며칠 뒤에 있을 '나의 별' 을 찾아 떠나는 우주여행이 기다리고 있어 마음 설렌다. 일명 '2050 스페이스캠프 프로그램(2050 Space Camp Program)'. 타임머신의 상상을 벗어나 실제로 우주 공간으로 잠입한다 생각하니 마음이 들뜬다. 그날을 위해, 혹여 건강검진 및 무중력 적응 테스트 통과를 위해 달리기를 하고 근육운동으로 기초체력을 다지고 있다. 또한 무중력 상태의 밀폐된 항법 장치 안에서 몸을 움직여도 보고 우주 공간 적응을 위한 수중호흡법도 익히는 중이다. 그 과정이 힘들지만 내 별을 만난다는 기대감에 고된 훈련을 이겨낸다. 그 별의 존재를 위해 우주복을 입는다.

증손녀가 해저海底 예식장에서 결혼식을 올린다는 소식을 전해 듣자마자 K 박사로부터 전화가 걸려온다. 내일 골프 라운딩이 있는데 필드에 같이 갈 수 있느냐고. 그 친구는 나보다 네댓 살이 많아 내일 모레면 100세를 바라본다. 그런데도 기운이 펄펄 넘친다. 뭘 먹어 그렇게 건강이 좋으냐고 물었더니, 친구는 그냥 웃는 게 보약이라는 대답뿐이다.

이발사도 첫사랑이 있었을까

그는 비 내리는 창밖을 내다보며 눈을 떼지 못한다. 이발의자에 앉은 나는 안중에도 없다는 듯 그렇게 한참이나 밖을 내다본다. 장미 한 송이에 시를 쓰고 구르는 낙엽에도 눈물을 보이는 사춘기 여학생도 아닌데, 그의 손에 들린 가위가 겉논다.

지금 시골은 비가 너무 많이 내려 난리라니까 이발사도 상황을 파악한 듯 고개를 끄덕인다. 그런데 그가 하는 말이 생뚱맞다. 비가 내리려면 실컷 내려야지, 내리다 말면 짜증만 난다고. 그러면서 그는 내 대답이 채 끝나기도 전에 빗물에 색깔을 입힌다.

"비가 내리다 말면 허무해요."

거울에 비친 그의 눈가에 빗물이 고인다. 내가 오랫동안 그를 보아왔는데 이런 모습은 처음이다. 감수성이 풍부한 나이도 이미 지났건만 녹이지 못한 슬픔 덩어리가 아직도 가슴속에 남아 있나 보다. 그의 눈빛이 긴 목을 가진 기린처럼 참으로 슬퍼 보인다.

그는 머리가 벗겨지고 뒤통수까지 드러나 실제 나이보다 몇 살은 더 들어 보인다. 가끔가다 길에서 그와 마주친 적도 있는데 세상의 고민을 다 짊어진 대학생처럼 검은색 가방을 둘러메고 걸을 때도 있다. 이발소에서 입는 작업복 차림으로 거리낌 없이 출근하기도 한다. 손님이 없는 날 찾아가면 안경을 코에 걸고 테이블에 앉아 묵묵히 책을 읽는다. 그런 그의 모습에서 세월을 읽는다. 여유와 웃음을 본다.

그는 현실과 연관된 경제법칙을 얘기하고 정치 원론을 고급스럽게 풀어놓는다. 어떤 때에는 읽던 책을 집어 들며 마치 자기가 기술한 것 마냥 장황하게 강론을 펼치기도 한다. 한번은 정부의 북한 식량 지원에 관련된 외교 문제에 대해 이야기한 적이 있었는데 나름대로 소신도 있다. 북한이 아무리 원조를 받는 약자 편에 있다 해도 자존심을 긁거나 무시하면 안 된다고. 통일이 언제 올지 모르지만 정부에서는 평정심을 잃지 말아야 하며 아무 조건 없이 베풀지도 말라고. 때론 참고 기다리는 것도 한 방법이라며.

살던 집에서 이사했지만 나는 그의 그런 모습이 보기 좋아 지금도 동네 이발소를 놔두고 그곳을 찾는다. 비밀을 많이 가진 것 같으면서도 숨기지 않는 풋풋함을 가진 남자. 나이가 들어가도 백지 같은 순수함이 있는 남자. 개업 때에 요구르트를 주며 부인네까지 일을 거드는 친절을 보이다가 지금은 그러한 서비스가 절반도 되지 않지만, 그래도 그의 그런 행동이 밉지만은 않다. 비 내리는 언덕이며 이슬비보다는 장대비를 좋아하는 남자. 굳이 나와 닮은 점이 있다면 생각이 많다는 것, 머리가 빠질 만큼 빠졌다는 것, 체구가 그리 뚱뚱하지 않다는 것…….

비 내리는 날에는 커피보다도 진한 그리움이 빗물처럼 흘러내린다. 빗방울은 몸을 적시고 가슴속에 시어詩語를 남긴다. 빗물이 가슴속을 파고드는 날에는 그냥 그 비를 맞는다. 빗물에 저항하지 않는다. 갈 데가 없어도 좋다. 그런 날이면 혼자 걸어도 좋다. 쏟아지는 비를 다 맞아도 거나하게 술을 먹고 난 다음날 맛보는 북엇국처럼 시원하게 속이 풀린다.

고등학교에 다닐 때에는 비 맞는 것을 좋아했다. 비가 온다고 우산을 챙겨 가라 해도 고뇌를 안고 있는 사람처럼 들은 체 만 체했다. 집 나서는 순간 비가 오지 않으면 굳이 우산을 들고 나가지 않았다. 시골에서 나와 하숙하는 처지라 어머니가 계절마다 나오는 감자며 옥수수와 고구마까지 챙겨주지만 사나이 체면에 그걸 어떻게 들고 가느냐 해서 번번이 놓고 나왔다. 그게 습관이 되었는지 뭐든지 손에 드는 걸 질색했다. 우산을 준비하지 않아 교복이 다 젖을 정도로 비를 맞으면서도 고집을 꺾지 않았다. 어떤 날은 책가방을 비닐로 싸 젊어진 채 집으로 가는 지름길을 벗어나 먼 길로 돌아오기도 했다.

그날도 비가 내렸다. 골목길이 어슴푸레 어둠에 잠기는 저녁나절이었다. 당시에는 이웃 남녀 고등학교끼리 체육대회에 나가면 응원을 서로 해주는 게 전통이고 예의였다. 그때 나는 그렇게 우리 학교와 한 편을 먹었던 여학생이 시외버스에서 내리면서 짐이 무겁다며 들어달라고 했을 때 거절하고 말았다. 여학생의 얼굴이 상당히 예뻤던 것 같았는데 무식하리만큼 순진했던 나는 얼른 그 자리를 벗어났으면 하는 생각뿐이었다. 연분홍 꽃잎의 연서가 나뭇잎에 걸리고 하얗게 바랜 사랑의 노래가 문고리를 잡는다.

비는 사랑의 흔적을 알고 있다. 멀어져간 사랑을 꿈틀거리게 하고 그리움을 솟구치게 해 속을 긁어 놓는다. 가슴속으로 파고드는 잔잔한 추억과 연인을 떠나보내고 돌아설 때의 그 헛헛함마저 들추려 한다. 그런 날이면 마음을 들뜨게 해 사람들을 자꾸만 거리로 내몬다.

이발소의 남자는 어떤 그리움을 가슴속에 담고 있을까? 그 깊은 두 눈에 드리워진 슬픔의 얼룩은 무엇을 말해주고 있나. 비를 좋아하는 사람들은 거짓말을 할 줄 모른다고 했다. 비가 내리는 날에는 그 누군가를 그리워하느라 가슴이 멍해진다고 했다. 이발사의 태도가 꼭 그런 것만 같다. 오늘같이 갑작스레 비를 쏟아 붓는 날에는 가슴속에 있는 것을 어떻게라도 드러내려 한다는데 은근슬쩍 물어볼까.

이발을 다하고 났는데도 비가 그치질 않는다. 승용차를 받쳐놓은 곳까지 얼마 되지 않는 거리지만 10리 밖처럼 멀어 보인다. 오늘은 그

비를 다 받아 낼 만큼 자신이 없다. 이발사가 꺼내주는 허름한 우산을 받쳐 들고 거리로 나왔다.

(『수필세계』, 2010년, 겨울호)

비움과 채움

서울에서 내려온 큰아이가 컴퓨터에 버그(BUG)가 생기고 부팅(BOOTING) 속도가 느린 것을 보고는 이런 것을 여태 써왔느냐며 야단이다. 하드웨어를 포맷(FORMAT)하고 디렉터리(DIRECTORY)를 정리해주겠다면서 컴퓨터를 살핀다. 작업을 끝내고 턱하니 내놓는데 정말 새것 같았다. 그 정도면 됐다 싶었는데 아이는 일주일 후에 다시 내려와서는 가방에서 램(RAM)이며 그래픽카드를 꺼내 놓는다.

밤샘 작업을 하는 것을 보았는데 다음날이 되어도 아이는 내게 컴퓨터를 사용하라는 말이 없다. 혹여 진행할 작업이 더 있어 그러겠지 하고 기다려도 전날 신이 나 우쭐대던 모습이 아니다. 뭔가를 숨기는 것 같고 표정이 불안하다. 아니나 다를까, 아이는 내 눈치를 살피더니 어찌 어찌하다 D 폴더 자료까지 날려버렸다며 머리를 긁적인다.

갑작스레 닥친 충격에 눈앞이 캄캄해 온다. 화가 나고 속상해 머릿속이 하얘진다. 그렇더라도 다 큰 자식 몸에 손댈 수도 없어 억지로 성질을 꾹 누른다. 그 폴더에는 작품집에 낼 글이며 글 소재 거리와 그동안 찍은 사진과 갖은 동영상 자료가 상당히 들어 있었다. 그런데 어쩌자고…….

글은 나의 분신이며 나이테다. 글을 통해서 자아를 성찰하며 껍질을 벗는다. 글은 지나온 흔적이며 땀의 결정체. 살아가면서 무수히 시행착오를 겪지만, 글이 곧 '나'를 찾아가는 과정이기에 답답한 가슴을 비워낼 수 있었다. 내 삶이 대단하지는 않아도 글을 통해 나를 알아갔고 글을 쓰며 위안을 삼았다. 글엔 삶이 녹아 있다. 이제 그 모든 것이 어둠의 저편으로 사라졌다. 이런저런 추억마저 거두어갔다.

베란다로 나왔다. 하늘마저 내려앉아 금방이라도 비가 쏟아질 것 같은 날씨다. 그런데도 맞은편 아파트 5동 난간에 이삿짐 사다리가 걸려 있다. 오늘이 음력 유월 열엿새이니 내게는 소중한 날이지만 남들이 다 얘기하는 길일吉日은 아니다. 끄무레한 날에 이사를 강행하는 걸 보면 딱한 사정이 있나 보다.

내리는 짐이 만만치 않아

보인다. 처음에는 숟가락 몇 개 갖고 시작했을 살림살이가 어느 집 못지않다. 빗줄기가 거세지면서 짐을 내리는 곤돌라의 움직임도 빨라진다. 기쁨과 아쉬움이 반죽이 되어 비처럼 내리는 짐. 식구들의 웃음과 눈물이 비에 섞여 내린다. 짐과 함께 한 추억이 빗물 되어 흐른다.

몇 편의 글을 쓰고 등단했는가, 자문해 본다. 작품 속의 군더더기를 덜어내지 못하고 실리지 말아야 할 작품을 가려내지 않고 책을 내 부끄럽기 짝이 없다. 글을 달라고 외부에서 전화가 걸려오면 거절해 본 적이 몇 번이던가. ENTER 키를 누르기가 무섭게 잡지사나 문학지의 홈피 주소를 찾으며 안달하지 않았던가. 소용이 없는 물건도 언젠가는 필요할지 몰라 이삿짐 속에 꾸겨 넣는 저 건너편 사람들처럼 초라한 글마저 버리지 못하고 여태 끙끙대지 않았던가.

익지 않은 과일을 내다 파는 농부는 없다. 얼마 전 모 방송국 우리말 퀴즈 프로그램에 참가했던 사람도 비록 구두를 닦는 몸이지만 퀴즈 왕에 오르려고 국어사전을 10번도 넘게 정독했다고 했다. 가난을 이기려고 지게질까지 했던 충주의 어느 소설가는 그 시절에도 나뭇짐 속에 옥편을 넣어 다녔다고 했다. 생활의 달인으로 인정받은 사람들도 처음에는 접시를 닦고 종이상자를 나르고 칼질하는 방법부터 배우는 밑바닥 생활부터 시작했을 것이다. 글쟁이가 되려고 마음먹었으면 글을 쓰고 또 써야 한다. 손에 굳은살이 박이고 눈에서 진물이 나도록 글에 미쳐야 한다. 그런데도 나는…….

진력을 다해 작품 한 편을 완성했더라도 한 자 한 자 짚어가면서 잡티를 골라내야 한다. 어줍은 문장이나 필요치 않은 단어들을 삭제하고, 그래도 마음에 들지 않으면 작품을 통째 버리는 결단도 필요하다. 땅에 오래 묻어 둔 김치가 감칠맛이 나듯 글도 순을 치고 가지를 잘라내고 오래도록 눈으로 익혀야 글에서 향기가 난다. 남에게 글을 자랑하기 이전에 냉철하게 살펴야 한다. 그래야 의도한 대로 글이 쓰였는지, 생각과 느낌이 배어있는지 감이 온다. 밤을 낮 삼아 쓴 글이라도 독자의 가슴을 적시지 못하면 죽은 글이 되고 만다. 그런데도 어쩌자고…….

한 가족이 이사를 갔지만 여전히 그집은 불빛이 밝다. 비운다고 비워지는 게 아닌가 보다. 비우면 채우고 살다가는 또 떠나가고. 비움과 채움의 연속. 그렇게 집은 언제나 새 주인을 맞는다. 아무 때건 사람이 찾아들면 반긴다. 글 작업도 같은 이치가 아닐까.

어느 정도 시간이 흘러가자 머리가 맑아 온다. 풍수 좋은 터에 앉아 땀을 식힐 때처럼 편안하고 평온해진다. 그래서 사람들은 눈물을 흘리나 보다. 눈물을 흘리고 나면 속이 후련한가 보다. 다시 컴퓨터 앞에 앉는다.

가면假面

한 남자가 빨강 카펫 위에서 말랑말랑하게 마술을 빚는다. 풀리지 않을 것 같은 수수께끼가 풀리고 열리지 않을 것 같은 비밀의 문이 열린다. 인정하지 않을 수 없는 마술사의 눈속임에 관객들은 허기를 느낀다.

남자 마술사는 농무農舞할 때 등장하는 상모 형상의 특이한 모자를 쓴 데다 얼굴엔 탈까지 쓰고 있다. 마술하는 사람이라고 여길 수 없는 복장이다. 뒤이어 등장한 여자 무용수도 마술에 걸린 듯 짧은 치마와 브래지어만 걸쳤다. 살집도 적당하고 피부색도 복숭아 빛깔처럼 고와 저절로 의자를 끌어당기게 한다. 그런데 한 가지 아쉬운 점이 있다면 아리따워 보이는 무용수의 얼굴에도 엷은 네모 조각의 미색 종이가 드리워져 있어 본 모습을 궁금하게 한다.

트럼펫이 감정이 메말라버린 몸 구석구석을 자극해가며 집요하게 마음을 간질인다. 개울물 소리가 나고 폭포수가 흐르는가 싶더니 때론 빗방울을 뿌린다. 무용수의 몸도 음의 높낮이에 맞춰 출렁인다. 춤을 추는 건지 관능미를 보이는지 알 수 없는 그 현란한 몸놀림에 관객들은 허기를 느낀다. 흐느적거리는 낙지처럼 꿈틀댄다.

세상은 만들어가는 사람들의 것이라 했던가. 밤무대 가수들도 마음의 빗장을 걷어내고 응어리진 사연을 풀어놓는다. 구경꾼들마저 스텝이 꼬이고 박자가 맞지 않아도 삶의 바다에 육신을 내려놓는다. 촘촘하게 엮인 시간의 굴레에서 벗어나 흥건하게 몸을 섞는다. 그런데도 내 몸은 물먹은 스펀지처럼 움직일 줄 모른다. 이것저것 가리지 않고 경험하는 것도 재미인데 그들만의 잔치인 양 지켜보고만 있다. 예를 차리며 구경만 한들 누가 나를 점잖은 사람이라고 봐주겠는가.

한 발짝씩 내디딜 때마다 수없이 갈등한 세월. 체면치레하느라 눈치만 보던 얼룩들이 언뜻언뜻 스친다. 인생의 성공 여부는 시간이 없어서가 아니라 어떻게 나만의 시간으로 만들어 가느냐에 달려 있다. 그런데도 풀이 죽은 어린애처럼 주변의 눈치만 봐 오지 않았던가. 자신을 드러내지 못할 바에는 차라리 숨어버리던가. 그게 아니라면 속마음을 드러내놓고 못해먹겠다며 책상에 발길질이라도 하던가. 자리에 연연하다 발바닥에 각질만 켜켜이 쌓아온 나 자신을 본다. 흘려보낸 세월이 눈앞에 있다.

얼굴을 들 수 없을 정도로 태양이 이글거리던 날이었다. 대학교에 들어가 처음으로 맞이한 여름방학 때 면에서 주최하는 동네 대항 축구대회에 참가했었다. 우리 팀은 기량을 과시할 만한 선수가 몇 되지 않아 1회전도 통과하기 어려웠다. 다행히 첫 시합에서 무승부로 경기를 끝내고 심지를 뽑아 운 좋게 2회전에 오르자 오기가 발동했다. 한 경기 한 경기 이어갈 때마다 나는 시합에서 진 타 동네 선수들을 끌어들였다.

얼굴이 찢어지고 다리를 절뚝거려도 교체할 선수가 마땅치 않았지만, 그것은 하나의 핑곗거리였다. 아예 처음부터 부정선수를 넣지 않았으면 몰라도 이왕 이렇게 된 바에야 누가 보건 말건 실력이 처지는 애를 부상당해 뛰지 못한다며 심판을 불러 세웠다. 이기고 있는 시합을 중간에 포기하고 싶지도 않았다. 속임수의 전말이 드러날까 봐 전전긍긍하면서도 그 전말이 드러나면 그때 가서 해결하자고 호기를 부리기까지 했다. 그렇게 가슴 졸였던 연극은 준결승전을 치르고 나서야 무대에서 내려졌다.

인간의 행동이 꼭 타고난 성격에 의해서만 좌우될까? 하나의 골과 목표를 위해 심판의 눈을 속여 가며 타동네 선수를 끌어들이듯, 자신의 실수를 덮으려고 상대방에게 염치없이 매달리듯, 그 사람이 어떤 처지에 놓여 있느냐에 따라 행동도 달라질 수 있다고 본다. 멀쩡하던 사람들이 갑자기 장님이 되는 병에 걸려 수용소에 갇힌다면 어떤 일이 벌어질까? 「파리의 대왕」에 나오는 무인도에 갇힌 어린 소년들처럼 진짜로 섬에 갇힐 수도 있다. 1971년 미국 스탠포드 대학 필립 짐바로드 교수가 평범한 대학생들을 모집해 교도소 생활을 체험케 하며 행한 '환경 조작에 따른 심리변화 실험' 에서는 인간의 내면에 숨겨진 양면성이 드러나고 말았다.

그런 일이 소설이나 영화에서만 가능하다고 보지 않는다. 갓난아기일 적에는 영혼이 때 묻지 않아 순수하더라도 세상과 타협하면서 점점 추레해진다. 험한 산길을 넘어왔거나, 그와 반대로 호사를 누리며 살아온 사람이거나 자신이 불리하다고 느끼는 순간 그 누구나 가면을 쓴다. 목적과 이유가 어찌 되든 막다른 골목에 다다를 때마다 무엇인가를 숨기고 거짓말하고 아닌 척한다. 자신의 허술한 모습은 감추고 마주하는 상대의 기를 꺾을 요량으로 가면놀이를 한다.

인류가 옷을 입은 건 에덴의 동산에서 하와가 선악과의 유혹을 견뎌내지 못한 데서 시작되었다고 하면 지나친 상상일까. 옷이 추위를 막아주고 피부를 자외선으로부터 보호하는 목적도 있지만, 그것 말고도 자신의 못난 모습이나 행동을 숨기는 도구로도 사용되어 온 것은 아닌지. 마술사나 무용수가 자신의 얼굴을 가리고 나오듯 속마음을 드러내지 못할 상황이거나 불안에 떨 때마다 풀을 뜯고 나뭇잎을 엮어왔을 것 같다. 요즘 사람들 또한 자신의 약점이나 열등감을 내보이지 않으려고 천으로 몸을 가리고 얼굴에 화장하며 지내는지도 모를 일이다.

밤하늘에 불꽃을 쏘아 올린다. 그 소리에 놀라 어둠의 저편에서 돌아온다. 지역 특산물을 홍보하기 위하여 마련된 축제의 마당이지만 그런 것은 상관 안하겠다는 듯 판이 흥건하다. 행사를 주최하는 기관에서 경품까지 내걸었으니 밤이 깊어가도 무대와 관객이 하나가 된다. 살살이꽃길을 걷거나 임시로 마련된 음식점에서 얼큰하게 술 한 잔 걸친 객꾼까지 합류해 판이 얼큰해진다. 나른한 오후가 눈뜨고 서늘해져 가는 저녁이 달아오른다.

내 몸도 덩달아 그 속으로 빨려든다. 이 순간만큼은 탈을 쓰지 않아도 된다. 그 어떤 사악한 가면 놀이를 하지 않아도 된다. 야누스의 악몽에서 빠져나와 가슴속에서 우러나는 대로 흐느적거리고 그저 신명을 다해 춤추면 그만이다. 그러다보면 깨끗한 영혼이 자리할 것이다. 시름에서 벗어나 진정한 자유인으로 돌아갈 수 있을 것이다.

오늘은 날고 싶다.

공생공존共生共存

나무 하나가 해를 붙들고 있다.

핏기 없는 몸뚱어리. 몸에 피 한 방울 돌지 않으면 몸이 있어도 몸이 아니다. 살아 있다 해도 사는 게 아니다. 담쟁이넝쿨이 감싸는 나무가 그랬다. 죽어 있는 소나무가 그렇다. 말라비틀어진 몸통을 툭 건드리니 살점이 떼어져 나가듯 껍질이 힘없이 떨어져 나간다.

지나간 시간의 흔적도 없는 고목枯木. 찢기고 파헤쳐진 몸뚱이에서 묻어나는 허무와 고독. 무심한 세월 속에 변치 않는 것은 없으련만 너무나 헐벗었다. 뜨거웠던 태양과 강렬한 눈보라에도 끄떡 않던 기백은 어디로 가고 절망에 찬 이슬이 눈물인 양 흘러내린다. 적막한 나신裸身 사이로 바람이 든다.

이곳에 온 지 두어 달이 지나서야 그 나무의 생사에 대해 관심을 두기 시작했다. 같이 있는 직원이 말해주기 전까지는 살아 있는 나무라고 보아 넘겼다. 그랬다. 고목을 타고 올라가는 담쟁이넝쿨이 있어서, 문실문실 줄기를 밀어올리고 이파리가 무성해 죽은 나무라고 의심하지 않았다.

누군가가 생명이 다한 나무를 베어내지 않고 그 밑에 덩굴나무를 심었다. 정원 동쪽에 죽은 나무가 한 그루 더 있는데 거기에도 똑같이 담쟁이덩굴을 올렸다. 새집도 두 개나 얹어 놓았다. 고목枯木은 이제 혼자가 아니다. 하찮음마저 알아주는 대상이 있다. 담쟁이가 있다. 덩굴을 툭 건드리면 와르르 떨어지는 미약한 존재지만 담쟁이는 산이 되어준다. 벽이 되어준다. 삭풍이 불고 눈이 쌓여도 허전함을 막아주는 벽. 담쟁이는 생을 연결하고 숨결을 불어넣는 촉수가 되기를 자청한다.

사람들이 지나간다. 고목을 베어내자는 이도 없고 베자고 꾀는 이도 없다. 그저 바라만 본다. 사람들은 그 나무보다 늦게 찾아들었기에 나무가 주인임을 아는 것이다. 잠시 머물다 가는 것을 알고 있기에 나무에 함부로 말하지 않는다. 몸뚱이가 문드러지고 사그라져 불쏘시개가 될 게 뻔해도 그런 마음을 갖지 않는다.

지난여름 아파트 베란다에 방울토마토를 심었었다. 햇빛 가리개 역할을 하던 큰 화분 두 개마저 한쪽으로 몰아놓고 몇 포기라도 더 길러 보려고 했다. 그렇지만 토마토는 생각같이 자라주지 않았다. 화단에 옮겨 심자마자 죽는 것에, 2~3일을 넘기지 못하고 말라죽어 가는 것

에, 화단을 정리한답시고 유난을 떨다가 줄기를 부러트리기도 했다. 결국 남은 건 단 한 포기. 그것만이 죽어간 생명을 대신하듯 기세 좋게 줄기를 밀어 올렸다.

그러던 어느 날 아침, 며칠 못 본 사이에 베란다의 풍경은 확 바뀌어 있었다. 토마토 줄기가 땅바닥에 고꾸라지고 유리창을 타고 오르려다 주저앉고 밀쳐놓은 화분으로 기어오르기도 했다. 순을 쳐 주지 않아 줄기가 제멋대로 번졌다. 열매도 적당히 달아야 하는데 다 달아놓는 바람에 줄기는 그 무게를 견디지 못해 주저앉기 일보 직전이었다.

만날 반복되는 일상에 스쳐가는 바람이기를 자청하는가. 내 몸 살다 가면 그만인데 바라는 것 많고 욕심내는 게 있나. 공간이 비좁은데도 여러 포기의 토마토를 심었다. 몸뚱이가 문드러지고 땅에 주저앉는 아픔은 안중에도 없이 토마토 열매만 손에 쥐려 했다. 생명의 질서를 무시한 채 사랑하는 대상에만 오랫동안 눈길을 줘왔음이다.

죽은 나무에도 꽃을 피워 올리는 마음으로 세상을 살고 싶다. 바람에 흔들릴 때마다 서로 몸을 기대고 의지하는 나무처럼. 새해를 시작하면서 꿈에 부풀어 올랐던 산. 산은 화려함을 뒤로하고 스스로 비워내고 있었다. 가장이가 부러지고 몸통이 반토막이 나고, 어떤 것은 뿌리가 뽑혀 길바닥에 나뒹굴지만 거둘 것은 거두고 필요한 것만 취하는 산. 나무나 풀은 있을 자리에 있다가 생을 다했다 싶으면 누가 먼저라 할 것 없이 몸을 낮춘다. 스스럼없이 자연으로 돌아간다.

공생共生, 몸을 내어주는 일이다. 자신이 얻는 이익보다 더 많은 것을 내어주는 비움. 아무것도 바라지 않는, 조건 없는 내줌. 나무가 낙엽을 떼어내는 일. 나무는 그 추운 겨울을 무사히 넘기기 위한 준비로 애지중지 키워온 몸체 일부를 과감하게 잘라낸다. 제 본분을 다하고도 이리저리 짓밟혀 가루가 되는 아픔을 참아내면서 거름으로 되돌아간다.

나무가 잎을 내고 꽃을 피우는 이유가 해에 대한 응답이라면 자기 몸뚱이를 내주는 건 살아왔음에 대한 보답이다. 겨울을 이겨낸 봄에 대한 화답이다.

(『중부매일신문』, 2009. 1. 30, 에세이 뜨락)

돈이 뭐길래

선善은 만나기 어렵지만, 악惡이나 유혹과는 만날 부딪치다시피 한다. 돈이 그러한데 심지가 곧은 사람도 돈만 보면 쩔쩔맨다. 돈이 뭐길래 돈의 유혹에서 벗어나지 못하고 흔들리고 흐트러진다.

분명히 산에 오를 때에는 보지 못했던 돈이다. 오후 3시가 넘은 시각에 집에서 나오는 바람에 목령산 정상까지는 엄두도 내지 못하고 3km 남짓 거리에 있는 철탑이 세워진 곳까지 갔다가 되돌아오는 길이었다. 오천 원 권 한 장과 천 원짜리 네다섯 장. 기껏해야 1만 원도 되지 않는 적은 돈이지만 공돈이 생긴다고 생각하니 괜히 기분이 좋아진다. 돈도 돈이지만 행운이니 횡재수니 하는 단어를 먼저 떠올린다. 이참에 복권이라도 살까. 혹시, 승진 수가 있는 것 아냐. 집에 소주는 있겠다, 고기 한 칼만 사면……. 그 짧은 순간에 고기도 굽고 꽃구경도 하고 집도 짓는다.

주변을 돌아보니 아무도 없다. 다른 날 이맘때면 산에서 내려오는 사람이며 데이트를 즐기는 연인들이며 강아지까지 끌고 산책도 나오는데 우리 부부뿐이다. 저만치 풀밭에서 아낙네 둘이 아이들을 데리고 나와 쑥을 뜯고 있지만 그들도 이쪽에서 무슨 일이 벌어지는지 관심조차 없다. 그런데도 선뜻 행동으로 옮기지 못한다. 누가 돈을 거기에 놓아두고는 내가 어떤 행동을 하는지 지켜보는 것만 같아 생각이 많아진다. 하늘에서 내려다보는 것 같기도 하고 감시당하는 기분이 들어 등골이 오싹해진다. 나만 그런 게 아니고 옆에 있는 아내도 나와 비슷한 기분이 드나보다.

시간이 갈수록 돈에 대한 의구심은 커진다. 등산객이 떨어트리고 간 돈이라면 그렇게 가지런하게 놓일 리 없다. 돈을 차곡차곡 해 그 위에 작은 돌멩이로 눌러 놓기까지 했겠는가. 아내나 나나 돈의 정체가 궁금해 얼굴만 쳐다본다. 조금 전만 해도 서로 돈을 주우려고 실랑이를 하고, 이 돈으로 뭘 사 먹을까 기분에 들떠 있었는데 그런 모습은 찾아 볼 수가 없다. 부부 일심동체라고 돈을 줍다 들킬지 모르니 하나는 망을 보고 다른 하나가 돈을 줍자 해놓고도 돈의 출처를 찾는 수사관처럼 행동한다.

집에 오면서도 돈에 대한 궁금증이 풀리지 않는다. 마음만 먹으면 돈을 손에 쥘 수도 있었다. '길에 떨어진 돈을 그냥 놓아두고 오는 사람이 어디 있어. 바보가 따로 없지. 멍청이이거나 천치가 아니고서야.' 그냥 와 후회스럽기까지 했다. '지금이라도 당장 되돌아가서 돈을 주워 올까. 아니지, 괜한 짓이지.' 그 자리를 떠난 지 채 1~2분도 지나지 않았는데 머릿속은 온통 아수라장이다. 그때 때맞춰 중년 남자가 초등학교 저학년쯤 되는 아이를 데리고 내 쪽으로 다가온다. 순간 호기심이 발동한다. 저 남자는 돈을 보고 어떤 행동을 할까?

아무튼 그들의 뒤를 따라가 보기로 했다. 소나무까지는 겨우 50여 m 정도도 되지 않는 거리다. 그 사람이 눈치 채지 못하도록 적당한 간격을 두고 뒤를 밟는다. 그런데 얼마 지나지 않아 정적을 깨듯 산에서 웅성거리는 소리가 들린다. 남녀 합해 여섯이나 된다. 소나무 밑에 놓인 돈이 그대로 있을까? 발걸음이 빨라진다.

아뿔싸! 사랑이 아프다지만 돈만큼 사람을 아프게 하는 것도 없다. 오늘 그 돈이 누군가의 수중에 들어가 기쁨을 주고 행운의 징표가 되기도 하겠지만 돈을 잃어버린 사람의 품에 다시 안겼을 거라고 믿고 싶다. 소꿉장난하던 아이들이 누군가의 손길이 닿기 전에 돈놀이를 끝냈으면 다행이지 싶다.

하루가 멀다고 비리가 터지고 돈 때문에 사람이 다치거나 죽는다. 부족 간에 물물 교환의 수단으로 생긴 돈이 지금은 생존까지 위협하고 있다. 바늘 도둑이 소 도둑 된다고 누구나 돈의 노예가 되는 것은 어느 한순간이다. 딤스데일 목사와 순간적인 쾌락에 빠진 헤스터 프린이 주홍글자 'A'를 낙인처럼 평생 가슴에서 지우지 못하고 살았듯이 눈먼 돈에 물들거나 검은돈에 잘못 걸려들면 인생은 순식간에 비참해진다.

행복은 얼마나 많이 소유했느냐보다 얼마나 많은 것으로부터 자유로운가에 있는데도 그 사실을 종종 놓치고 산다. 아무리 경전을 읽고 정화수 떠 놓고 기도하지만 하루 밥 세끼 해결하기 바빠 마음을 반쯤 열어두고 지낸다. 욕심 많은 사람이 주변에 많으면 가난한 사람의 삶은 더욱 어려워지는데 그들의 행동을 제어하지도 못하고 쳐다보고만 있다. 흙으로 돌아가는 날까지 눈만 뜨면 돈 생각이다.

돈을 보고 그냥 지나쳤지만, 아내나 나나 숙맥 짓을 한 것 같지만, 그냥 웃고 만다. 그 돈이 삼겹살이 되고 소주 한 잔이 될 수도 있었는데, 그렇게 되지 않아 섭섭했지만, 혹시 그 돈을 주웠다면 평생 주홍 글자의 그늘에서 벗어나지 못했던 헤스터 프린처럼 돈을 잃어버린 사람이 오래도록 가슴속에 남았을 것 같다.

2.

아버지의 과수원

안평대군의 「몽유도원도夢遊桃源圖」에 등장하는 복숭아 숲이 그들이 꿈꾸는 이상세계였다면, 복사꽃 피는 과수원은 아버지가 꿈꾸던 정원이었습니다.

수풀林에 맺힌 옹골찬 열매의 결실을 꿈꾸며

'林炯默'. 가만히 뜯어보면 매력 있고 빛나는 이름이다. 남자의 성품인 묵직함이 느껴져 행동이 가볍지 않으며 조용히 빛을 내니 신중하며 겸손하다. 작명가作名家는 아니지만 늘 그렇게 이름을 풀이해 왔다. 성공과 출세가 이름 속에 들어 있기에 넉넉하지 않아도 배고파하지 않았다. 아픔이 다가와도 참아냈다. 거친 풍파와 세찬 바람이 다가오면 거쳐 가는 과정이라 여겼고, 내가 끌어안고 가야 할 운명이라며 거부하지 않았다. 먼 훗날 옹골찬 열매의 결실을 꿈꾸며 세상과 타협해 왔다.

나무가 나이테를 늘려갈수록 사람 눈에 띌까 하는 불안감을 감추지 못하듯 내 이름 석 자에도 남모르는 외로움이 들어 있다. 炯 – 빛이

나면 날수록 외롭고, 默 – 잠잠하니 주변이 너무 조용하다. 우리 눈에 익숙한 오동나무 동桐과 동굴 동洞자를 보자. 모두 한 일一변이 들어 있다. 사람 인人, 입 구口, 흙 토土, 계집 녀女 변邊을 붙여 쓰는 갖가지 '동'에도. 하다못해 풀艸, 돌石, 개犬, 말馬까지 한 일一을 품고 사는데, 내 이름 형炯에는 없다. 그렇다. 성姓은 말할 것도 없고 이름 두 자에도 외로움이 겹쳐 있다. 묵默자야 부안 임가父安 林家의 돌림 자子라 어떻게 하지 못한다 해도 '炯'은 달리할 수도 있지 않은가.

고독의 켜가 너무 두껍다. '혼자뿐이잖아!' 그런 기분을 떨쳐내지 못해 왔다. 아무리 가난해도 제 복은 갖고 태어난다 하여 어느 집이건 자식을 많이 두었는데 우리 집은 조용했다. 물론 내 밑으로 여동생이 셋이 있기는 하지만 시집가면 그만이기에 집안일은 모두 내 차지가 됨을 말함이다. 초등학교 때에도 친구들이 별로 없어 동네 형들과 어울리며 놀았고, 그나마 있던 친구들도 이리저리 흩어져 얼마 지나지 않아 돌아갈 고향엔 아무도 없다.

그런 외로움은 할아버지 때로 거슬러 올라간다. 할아버지는 4형제의 맏이로 산을 개간하고 어우리 소를 주며 형제들까지 돌봐야 했다. 집에서 음성 장터까지는 50여 리가 넘어 남들은 한 번 갈까 말까 한데도, 할아버지는 하루에 두 번씩 마차를 끄는 일을 마다하지 않으셨다. 그렇게 억척같이 돈을 모으셨는데 하늘도 무심하지, 그러한 노력도 6 · 25 난리가 나자 허사가 되고 만다. 엎친 데 덮친 격으로 큰아들까지 잃으신다. 화병이 들고 허망한 마음을 달래지 못한 할아버지는 회갑이 드는 해에 그만 아버지 한 분만 남겨두시고 세상을 떠나신다. 아버지마저 내가 6세 되던 해에 남동생 하나 있는 것 흙으로 돌려보낸다. 모진 바람이다. 나 또한 아들 하나 두고 있으니 그 바람을 어디에서부터 막아야 할까. 어깨에 또다시 바람이 든다.

고독을 뱉어내는 절규가 무섭다. 고독은 눈물이다. 입김을 불어넣고 따스하게 방바닥을 데워놓아도 고독은 쉬 가라앉지 않는다. 릴케는 '고독'이라는 시詩에서 고독은 비와 같다고 했다. 모든 골목들이 아침을 향할 때 아무것도 찾지 못한 몸뚱어리들이 실망과 슬픔에 서로 놓아주거나, 서로 미워하는 사람들이 한 침대에서 자야 할 때 동틀 녘에 고독은 비가 되어 내린다고 했다. 낭만과 그리움이 스며있는 바다, 아무도 보이지 않으면 얼른 발길을 돌려야 한다. 철썩거리는 파도, 돛단배, 등대, 갈매기는 고독을 가진 이름이다. 불빛이 없는 도시의 거리, 밤하늘의 별, 전봇대에 걸려 있는 까치, 바위에 뿌리내린 소나무, 풍경 소리만 댕그랑거리는 늦은 오후의 산사山寺, 그 어느 하나라도 팔짱을 끼워 줄 연인이 옆에 있어야 고독의 이름에서 벗어난다.

드문 이름을 가진 나. 얼마나 이름이 귀하면 빨빨거리는 청년기를 지나 쉰으로 올라선 지금까지도 같은 이름을 가진 사람을 만나지 못한다. 대학교 다닐 때 한 친구는 시내버스 안에서 나와 외모가 아주 비슷한 사람에게 알은체했다가 얼굴이 붉어지기도 했단다. 서울 동생 집에 들렀을 때에도 거실 응접탁자 위에 놓인 전화번호 책을 먼저 집어 들었었다. 이름에 대한 목마름이 발동했던 것이다. 깨 한 말만 둘러멜 힘만 있어도 사람 꼬여 드는 데가 서울이다 보니 영자, 순자, 철수, 영수라는 이름만 넘쳐난다. 인터넷 검색 창에서 검색을 하면 더러 같은 이름이 올라오지만 내가 알지 못하는 사람들이다. 그러기에 어디에서라도 나와 같은 이름을 가진 사람을 만났으면 하는 호기심을 드러낸다. 차창으로 비친 이정표도 그냥 지나치지 않는다. 동네나 면面 이름이 같으면 형제를 만난 것처럼 반갑다.

만난 사람 중에 유일한 '최형묵崔亨默' 이라는 초등학교 후배도 한자漢字는 다르게 쓴다. 고향을 떠나 청주에서 방앗간을 운영하는데 10여 년 전쯤 납품관계로 내가 근무하는 사무실에 들렀다가 우연히 만났었다. 지금은 가끔가다 상가喪家에서 대면한다. 지금은 별이 된, '형묵' 이라는 이름을 가진 또 한 사람. 나와는 신분이 너무 달라 만날 수 없었던 또 다른 남자, 연형묵延亨默이 있다. 남한에 강영훈姜英勳이 있다면 북한에는 그가 있다. 1931년에 태어나 체코에서 유학을 하기도 한 조선노동당 비서로서 한국 측의 강영훈 총리와 같이 남북 고위급 회담을 이끈 장본인이다.

청주교육청에서 근무할 때였다. 관리과에서 3년간 꼬박 유치원 업무를 보다 근무기한이 만료되어 1990년 8월 1일부터 학원 설립과 지도 · 감독을 하는 교육과로 자리를 옮기게 되었다. 그 부서에도 '영훈' 이라는 이름의 남자가 있었다. 강영훈과 연형묵이 남북의 장애물을 걷어내고 있다면, 교육청에서는 '임형묵' 과 '원영훈' 이 나란히 앉아 학원 문제를 풀어나갔다. 이후에도 여러 차례 남북 고위급 회담이 열리다 보니 덩달아 인기를 한몸에 받았다. 직원들은 우리가 출근하기만 하면 왜 여기는 회담을 안하느냐고 우스갯소리를 하기도 했다.

이름이 흔하지 않아 외로움에 떨던 나는 인터넷 카페나 블로그에서 또 하나의 이름을 짓고 산다. '원당元堂.' 본 이름보다는 필명이 부르기도 쉽단다. 동녘에서 아기 울음을 터트린 동네. 어린 시절의 꿈을 안고 희망을 일구던 초등학교가 있고, 내가 청년으로 커가면서 어려움이 있을 때마다 용기를 북돋아 주었던 공간. 내가 어른이 되어서도 언제나 그 품에서 벗어나지 못해 그리워하는 나의 고향. 우리 가족들이 세상을 살아가면서 늘 어렵더라도 바른길을 가라고 일깨워 주는 터전. 오늘 가고 내일이 와도 기본을 중시하고 기본을 놓치지 않는 으뜸의 철학을 실천하려고 '원당'의 이름으로 또 하나의 세상을 살며 글을 쓴다.

가끔가다 사람들이 내게 이름을 물어올 때가 있다. 한결같이 형烱을 동烔자라고 알고 있다. 烔을 아니 쓰고 烱이라 작명한 것은 과욕을 부리면 도리어 화근禍根이 되거나 화火를 부를지도 모른다는 아버지의 염려다.

(『수필문학』, 2008. 8월호 기획 연재 - 내 이름을 말한다)

물이시여, 바람이시여

황금물결이 일렁여야 할 들판에 물이 지나가고 바람이 지나갔습니다. 길이 날 곳이 아닌데 길이 나고 만 겁니다. 바람과 물은 제 길을 간다지만 그 길에 있던 물상은 시름시름 앓고 있습니다.

비바람이 휩쓸고 간 논은 잔혹합니다. 벼 대궁이 쓰러져 이리저리 뒤엉기고 물에 젖어 썩는 거며 싹이 올라오기도 합니다. 아수라장이 된 논을 차마 눈 뜨고 볼 수 없을 지경입니다. 쓰러진 벼를 일으켜 세우려 해도 힘이 부치지만 일으켜 세운들 도로 주저앉을 겁니다. 그런 논이 한두 군데가 아닙니다. 논둑 하나 건너만큼 여기저기서 앓는 소리가 납니다. 비바람에 벼도 울고 농부도 울고 그걸 보는 사람도 울어야 했습니다.

한창 벼가 여물어갈 무렵에 하루가 멀다고 비를 퍼부었습니다. 태풍도 두어 차례 지나갔습니다. 올해와 같이 날씨가 훼방을 놓은 적도 없었던 것 같습니다. 수증기를 품은 비구름이 한반도 상공에 오래 머물러 그랬다지만 비도 내릴 때 내려야 하고 바람도 불어야 할 때 불어야 합니다.

벼가 물에 잠겨 있는 기간이 얼마나 길었으면 돋아난 싹에서 또다시 벼 이삭이 올라옵니까. 그런 걸 보고 종족 보존 본능의 힘이라고 감탄만 하고 있어야 할까요. 짧아가는 가을 햇살을 끌어 모으는 생물체의 자연스러운 생장작용이라고 보아 넘겨야 할까요. 정말이지 올가을은 오지 말아야 할 걸 그랬습니다.

추석 전날에도 비가 쏟아졌습니다. 나뭇잎에 빗방울이 떨어지면 망치로 얻어맞는 것처럼 가슴에 둔탁한 통증이 느껴졌습니다. 면도칼이 살갗을 스친 것 같아 소름이 돋고 아릿했습니다. 비를 그만 내리게 해달라고 기도하고 또 기도했습니다. 그렇게 간절하게 기도해 본 적이 없습니다. 무엇이든 붙잡고 싶고 누구에게라도 허한 마음을 위로받고 싶었습니다. 오죽하면 비 온다는 뉴스만 들려도 TV 화면에서 고개를 돌립니까. 한동안은 비 내리는 창밖을 내다보며 시상詩想에 잠기지도 상상의 나래를 펴며 궁상떠는 짓도 하지 않을 겁니다.

해가 뉘엿뉘엿 넘어가는 저녁 무렵, 벼에 이삭거름을 주던 날이 생각나네요. 비료를 통에 담아 어깨에 짊어지고 논에 들어갔습니다. 진흙이 장화를 타고 올라와 발짝을 옮겨가기 힘들어도 무럭무럭 자라나는 벼를 보면 뿌듯했습니다. 비료를 흩뿌림 하는 동작이 서툴러 몸이

기우뚱거려도 넉넉한 결실을 생각하면 저절로 힘이 났습니다. 엄니 얼굴에 환하게 필 웃음꽃도 미리 보았지요. 논둑에 무성하게 자란 풀을 베고 물꼬를 트고 모를 내던 그런 시간이 동화처럼 그려졌으니까요.

농부는 씨앗을 뿌리지만 열매를 맺게 하는 것은 하늘인가 봅니다. 아무리 농사를 잘 지어도 날씨가 고르지 못하면 농부의 바람은 수포로 돌아갑니다. 애쓴 보람도 없이 농부는 논에서 나와야 합니다. 자식 입에 밥 들어가고 논에 물 들어가는 것만 보아도 배부르다 했는데 올해엔 그런 말이 쏙 들어갈 것 같습니다. 정말이지 올해만큼은 수확한 벼를 논과 반타작해야 할 것 같습니다.

콤바인을 다루는 일꾼도 힘이 나지 않나 봅니다. 예년 같으면 한 섬지기의 벼를 베고도 해가 남아돌았는데, 어제는 13마지기, 그제 누구네 논은 11마지기밖에 베지 못했다고 푸념을 늘어놓네요. 힘은 힘대로 들고 기름값도 만만치 않다면서 못해먹겠다고 그러네요. 오늘도 콤바인은 잰걸음을 하지 못합니다. 주인 마음과 달리 가다 서기를 반복합니다. 논바닥에 주저앉은 벼를 쉽게 걷어 올리려고 예취부에 장치를 더 달았다고 하는데 별 도움이 되지 않네요. 뒤엉킨 검불이 반송 체인에 걸리고 탈곡 장치에 볏짚이 끼기도 합니다. 탈곡 드럼통까지 옴짝달싹하지 않을 정도로 볏짚이 끼면 장정 셋이 매달려 사투를 벌이기도 했습니다.

그나저나 논이 점점 바닥을 드러냅니다. 상황이 어찌되든 속이 시원합니다. 지금까지의 근심 걱정이 조금은 누그러듭니다. 논은 지구 생성 이후 우리에게 늘 식량을 안겨 주었습니다. 논은 비어가는 뱃속을 채워주는 우리의 젖줄입니다. 그런데도 사람들은 개발이라는 명분 아래 논밭을 갈아엎고 산과 들을 함부로 다루고 있지 않나요. 바라는 만큼 거두지 못했다고 하늘만 탓할 일이 아닙니다. 논에 물이 잠기고 바람이 길을 내는 건 제발 앞으로라도 그러지 말라고 하늘이 우리에게 경고하는 것은 아닐는지요. 빵만 좋아하지 말고 아침밥도 거르지 말라고요.

가을은 다시 옵니다. 넉넉하고 풍성한 결실을 안겨줄 가을 말입니다. 식량을 절반 밖에 거두지 못했지만 절망하지 않습니다. 배추가 금추가 되고 김치가 금치가 되듯 언젠가는 싸라기 쌀이 금싸라기가 되겠지요. 다시 마음을 추스르고 마음을 모읍니다. 어느 곳에서는 축대가 무너지고 담벼락이 물먹어 버텨내지 못했는데 쓰러질 정도는 아니니 다행이지 않느냐고요. 천장이 새고 방안에 물이 들어오고 손때 묻은 정든 가재도구까지 못 쓰게 된 집도 있는데 그런 집에도 따사롭고 감미로운 햇살을 내려 달라고요.

(『중부매일신문』, 2010. 10. 21, 에세이 뜨락)

품바, 세월을 잇다

누더기 차림의 패거리가 그리 가파르지 않은 언덕에서 쉬어갈 요량으로 터를 잡는다. 구경꾼들이 다가가자 그네들은 다시 일어나 북과 꽹과리를 치며 화답한다. 비위도 좋게 북채를 휘이휘이 흔들고 다리를 절룩거리며 병신춤을 춰댄다.

그네들은 아무데나 짐을 풀고 아무 때건 우스꽝스러운 몸짓을 풀어낸다. 머리에 괴이한 보자기를 두르고 여러 색의 헝겊을 이어붙인 치마저고리 차림으로 세상을 노래한다. 그것은 서러움이다. 애환이다. 그네들의 손짓과 발짓엔 아픔이 있고 웃음 뒤엔 눈물이 있다.

음성 설성문화제 축제의 현장. 공원 야외음악당 일원에서는 지역에 전해 내려오는 전통문화를 계승하려고 전시와 놀이가 한창이다. 그중에서도 거지들의 고달픈 삶과 애환을 보여주는 품바 공연이 으뜸이다. 시간을 돌려놓은 듯 움막 안에는 밥상과 음식이 놓여 있고 찢어지고 해진 옷가지들도 벽에 걸려 있다. 그 너머 또 하나의 움막에서는 남녀 배우 한 쌍이 깡통을 찬 거지 분장으로 돌절구에 떡방아를 찧고 움막 앞에 웅크리고 앉아 바보 표정을 지어 보인다. 구경거리가 되지 말아야 할 것이 구경거리가 되었다. 어렸을 때에는 거렁뱅이의 찌든 삶이 더러워 피해 다녔지만 지금은 그네들의 숨소리조차 놓칠세라 연방 카메라 셔터를 눌러댄다.

내가 초등학교에 다니던 1960대 후반에는 어느 집이든 애면글면하며 애옥살이하는 처지였다. 자고 일어나면 먹을 걱정, 자식 걱정. 그래서 사람들은 그런 세월을 이겨내려고 머슴 노릇을 하고 있는 집 문간을 들락거렸다. '어우리 소'를 얻으려고 멱살을 잡힌 사람도 있었다. 쇠똥이나 개똥을 주워 모아 거름에 보태 쓰고 오줌조차 남의 집 변소에서 누지 않았다. 그렇게 똥구멍이 찢어질 정도로 가난에 찌들다 보니 애들의 처지도 별다르지 않았다. 쇠풀을 뜯기고 먼 산에서 나무를 해다 쇠죽을 끓였다. 일손이 달리면 논으로 끌려 나가 모를 심어야 했다.

동네 사람들 사정이 그러했지만 거지들도 목구멍이 포도청이었다. 봉당에 놓인 댓돌이 다 닳도록 집을 들락거리며 허기진 배를 채웠다. 아이들의 놀림을 받으면서도 어느 집주인이 인정이 많고, 어느 때 찾아들어야 밥술이라도 얻어먹을 수 있는지 사정을 꿰차야 했다. 집집의 정보는 그네들에게 밥줄이었다.

"개똥이 애비 생일은 3월이고 쇠똥이네 으르신 환갑은 6월이라지. 길동이가 7월 7석 즈음에 장가를 간다네그려. 꽃분이 어멈 제사도 금방 돌아오겠구먼……."

할머니는 시골에 5일장이 서듯 거지들이 찾아들어도 귀찮아하거나 문전박대하지 않았다. 살림살이가 넉넉하지 않아도 거렁뱅이들을 끄집어 앉혀 밥을 먹여 보내곤 했다. 그러면서 할머니는 오죽하면 그네들이 이집 저집 돌아다니며 손 벌리겠느냐며 제발 그런 사람 놀리지 말라고 성화셨다. 그런 할머니 마음도 모르고 나는 거지들을 보면 도망치기 바빴다. 어쩌다 동냥 심부름을 하는 날에도 밥과 갖은 나물이 담긴 바가지를 던져주다시피 했다. 그네들의 늙수그레한 얼굴과 누더기 옷에서 지독하게 배어나는 퀴퀴한 냄새가 싫었다. 벙거지를 쓰고 망태기를 맨 모습이며 찌그러지고 시커멓게 그을린 동냥 그릇을 쥔 손을 보면 구역질이 먼저 올라왔다. 그러다보니 친구들과 놀다가도 동네에 거지가 들어섰다는 말만 들리면 멀쩡한 대낮에도 대문을 걸어 잠갔다.

지금은 배곯지 않고 지낸다. 먹을 것 먹고도 남아 쌓아두고 산다. 그런데도 종종 허기를 느낀다. 그 허기는

배고픔을 넘어 쏟아져 내리는 운석처럼 내 몸 곳곳을 훑으며 날을 세운다. 따뜻한 방바닥에서 배를 깔고 누워도, 이불을 뒤집어써도 한기를 떨쳐내지 못한다. 그럴 때마다 나는 미친 듯이 일에 매달렸고, 비오듯 땀 흘리며 운동을 했다. 그런데도 헛헛한 속이 채워지지 않았다. 나이 들어가면서는 또 다른 갈증에 목말라하고 있다.

그렇다고 참외와 수박서리를 할 수는 없다. 남의 집 과수원에 들어가 사과를 따내 밭둑에 묻어놓고 먹던 어렸을 적의 놀이는 겁부터 난다. 정월 대보름날 '밥 훔쳐 먹기' 를 하다 들켜 혼이 나고, 살강 깊숙이 숨겨 놓은 귀한 참기름까지 들고 나오는 바람에 동네가 떠들썩하기도 했는데, 지금은 그러한 놀이조차 사라진 지 오래다. 멀쩡한 고무신을 내주고 엿을 바꿔 먹질 않나, 헛간에 매달아 놓은 마늘을 떼어내 아이스께끼(얼음과자)와 바꿔 먹다 들키면 어른들께 다시는 안 그러겠다고 손발이 닳도록 빌었는데, 지금은 그런 장사꾼도 동네에 찾아들지 않는다.

여름날 멍석에 드러누워 옥수수 먹으며 별을 보던 때가 그립다. 모기가 대들어도, 지나가던 멍멍이가 짖어대도 그런 여름이 좋았다. 한가닥 잡으려고 달려가던 걸음 멈추고 '엿장수' 의 가위질 소리 들으며 귀를 씻고 싶다. 지금 고향은 아이 울음소리조차 들을 수 없는 절간으로 변해가지만 뙤창을 통해 옛 시절의 풍경을 반추해 보고 싶다.

"어~얼 씨구 씨구 들어간다아~. 저어 절 씨구 들이~간다~. 작년에 왔던 각설이~ 죽지도 않고 또 왔네……."

나나 구경꾼들도 마치 오늘을 기다렸다는 듯이 각설이패를 따라붙는다. 덩실덩실 춤추며 그들의 뒤를 따른다. 걸쭉한 각설이타령이 여름철 한낮 무더위를 덜어낸다. 한줄기 소나기가 되어 가슴을 훑는다. 그런데 그런 내 모습을 저만치서 지켜보는 애가 있다. 초등학교 다닐 때 같은 반이었던 여자애다.

그 남자가 산속으로 들어간 까닭은

남자는 문명이 닿지 않은, 때 묻지 않은 자연의 품속에서 살고 있습니다. 풀 한 포기 꽃 한 송이에 입 다물지 못하고 대하는 음식의 맛과 향에 환호하며 하루를 보냅니다. 삶을 고민하는 대신 뭘 만들어 먹을까 생각하고 고구마 잎을 보고 뜰에 난 풀을 뽑으며 잠자리에 듭니다.

중간마다 통나무를 걸치고 굴피로 지붕을 해 덮은 흙벽돌집은 사방으로 문이 나 있어 산천초목이 한눈에 다 들어옵니다. 마당에선 연자방아가 돌고 장독대 옆에선 돼지감자가 싱싱한 잎을 자랑하며 처마까지 치고 올라갈 기셉니다. 집으로 들어서는 입구에 놓인 빨간 우체통에서는 하룻밤 묵어간 사람들의 이야기가 흘러나오고, 새파란 잔디가 물결치는 정원에선 봉숭아와 백일홍이 남실댑니다. 농약을 치지 않는

채소밭은 이미 오래전에 곤충들의 놀이터로 변해버렸고요. 담벼락 한 옆에 수북이 쌓인 장작더미마저 지나가는 사람의 발길을 붙듭니다.

구름도 쉬어 가고 바람도 잠들다 간다는 산골짜기 동네 장수. 첩첩 산중이라 밤이 되면 별이 뜨고, 겨울이면 눈 내리는 소리까지 들린다는 곳. 안주인의 말로는 바깥양반이 건강이 좋지 않아 그곳까지 왔다고 하나 그 누가 보아도 별천지입니다. 집 앞으로 도랑물이 흐르고 소나무 동산이 앞을 받쳐주고 집 뒤로는 산책할 길이며 뙈기밭이 붙어 있습니다. 담 옆에선 능소화가 떠나간 임을 그리워하며 울고 있고, 뜰에는 금낭화와 채송화와 참나리꽃이 흐드러지게 피어 오가는 사람의 마음을 흔듭니다. 가고 싶고 머물고도 싶은 곳. 이곳에서 놀다가 이곳에서 숨 쉬다 이곳에서 잠들고 싶습니다.

바깥양반은 기관지가 좋지 않았어요. 날이 습습한 날엔 늘 콜콜거렸어요. 평생 감기를 달고 산 거나 마찬가지예요. 매사에 짜증을 내고 어린애처럼 응석을 부리고. 그러니 가정이 편안했겠어요. 그 양반 때문에 쇠털같이 하고 많은 날 걱정을 껴안고 살았죠. 생각해봐요.

자기야 아파서 그랬다지만 난 뭐예요. 맘고생 정말 많이 했어요. 애를 하나 더 낳아 키우는 게 낫지, 그런 고생 누가 사서 하겠어요. 하지만 지금은 그런 걱정 안 하고 살아요. 그분 건강도 몰라보게 좋아졌어요. 천식이 심했는데 언제 그랬느냐는 듯 기침도 잦아들고 잔병치레도 거의 안 해요. 사람이 들지 않고 집이 멀어 자식 얼굴 일 년에 몇 번 못 보는 게 아쉽지만 그것 말고는 불편한 거 모르고 살아요.

그렇게 내가 안주인과 이야기를 주고받는데 어디선가 시끄러운 소리가 들립니다. 얼떨결에 그쪽으로 눈을 돌리니, 아니 세상에 같이 문학기행 온 우리 일행 중의 여자 한 분과 바깥주인이 안채에 함께 들어 있습니다. 그것도 이른 아침에 말입니다. 얼굴을 마주보며 고풍스런 가구와 도자기와 노리개에 눈길 주며 깔깔대는 모습이 꼭 부부 같았습니다. 무슨 얘기를 그리 정답게 나누는지 시간 가는 줄도 모르고 있더라고요. 들어가고 싶다고 해서 들어간 건지, 아니면 불러들였는지 모르지만, 그러다 안주인이 그 장면을 보기라도 하면 어쩌려고요. 그 일로 괜한 오해를 사거나 헛된 생각을 하게 해 부부 싸움으로 번질 수

도 있는데도 말입니다. 사건이죠, 사건. 그런데 놀란 것은 바깥주인이나 밖에서 그 진풍경을 바라보는 안주인마저 아무렇지 않게 생각하는 겁니다. 표정 변화가 없어요. 그게 일상이 되어 버린 듯 둘 다 태연합니다. 오히려 그 모습을 바라보던 내가 부끄러워 그 자리를 피해야 하나 말아야 하나 고민했습니다.

아무튼 지금 그들 내외의 얼굴은 끈적끈적하고 질퍽한 삶의 그늘에서 벗어난 듯 보입니다. 사람들이 찾아들면 반가워 달려 나가고 손 내밀면 덥석 덥석 손을 잡으니 말입니다. 그들 내외는 부산과 울산에서 태어나 결혼해서는 반평생을 서울에서 보냈다고 하는데, 그렇다고 해서 대단한 삶은 아니라며 살아온 얘기를 들려줍니다. 집 뒤로 난 산책길을 같이 걷고, 동네를 구경한다니까 비 오는 길을 마다하지 않고 따라 나서기도 합니다.

하늘에 구멍이 난 것처럼 장맛비가 그치질 않아 기분이 가라앉기도 했지만 산에 도랑물에 흙집에 꽃에 풀에 집주인의 정에 마음 뺏겼습니다. 장수가 고향인 지인의 초청으로 동네에 처음 발을 들여놓았어도 어머니의 품속에 안겨 젖내 맡던 고향에 온 것 같아 낯설지 않았습니다. 노년의 안식을 위해 내 몸 내려놓아도 좋을 둥지를 찾은 것 같아 기분이 절로 났습니다. 잔디밭이 축축해 그곳에서 작품 합평회를 하지 못했어도, 밤새도록 비가 내려 별을 보지 못했어도, 집주인의 가슴속에서 별을 보았고 넉넉한 마음을 읽었으며 그리움이 어떤 것인지도 알았습니다.

남자가 36년여의 긴 공직생활을 마치고 이곳 논개 생가 마을에 들어와 정착한 지 5년여의 세월이 흐른 지금, 세상이 변해가듯 메말랐던 땅에도 풀물이 들어갑니다. 좁았던 길에도 내려앉았던 밭둑에도 텃밭에도 오를 수 없었던 뒷동산에도. 정성을 다한 주인의 숨결은 차가워진 내 육신을 데웁니다. 비어가는 가슴에 불을 지릅니다.

우리 일행이 짐을 싸서 나오니까 안주인은 가는 사람 붙들려는 듯 복분자즙을 한 다라 퍼 내놓는가 하면 사진을 찍어 카페에 올려 달라 하고 방명록을 내놓으며 한 줄의 소감이라도 적어달라고 사정합니다. 그런 안주인의 마음에서 외로움을 읽었습니다. 남자는 대문 밖 차를 세워 놓은 곳까지 따라 나와서도 일일이 손을 맞잡으며 놓아 주지도 않고 오래도록 손을 흔듭니다. 그런 바깥양반의 얼굴에서 고독을 보았습니다.

그런데도 난 주인의 마음을 헤아리지 못하고 겉치레 인사만 건넸습니다. 주인 내외가 삽짝까지 나와 배웅하는데도 나는 다시 한 번 들르겠다며 명함만 받아들었습니다. 그곳 풍경 사진을 카페에 올려놓는다고 해놓고도 여태 미적거리며 딴짓만 하고 있습니다.

아버지의 과수원

복사꽃 피는 4월이면 너도나도 고향으로 달려갑니다. 논밭에 돋아나는 풀잎을 바라보고 흙냄새를 맡다 보면 막걸리 한 사발 들이켠 것마냥 마냥 속이 얼근해집니다.

그런 고향이건만 올해에는 봄이 오지 않을 듯싶습니다. 복숭아나무가 여러 그루 얼어 죽었습니다. 나무를 짚으로 싸매주지 않아 그리됐지만 몇 십 년 만에 찾아든 강추위 때문이었습니다. 이런 날씨라면 아무리 추위에 강한 나무라도 냉해를 이겨낼 재간이 없습니다. 더군다나 우리 집 과수원은 평지에 놓여 있다 보니 남들보다 피해가 컸습니다. 눈이 많이 내리면 그해에는 풍년이 든다는데, 원당 뜰은 그 반대의 세월을 짊어지며 가고 있습니다.

복숭아를 심은 밭은 원래 할아버지 때부터 목화를 기르고 계절에 맞춰 감자와 고구마를 재배했었습니다. 양념거리를 위해 깨와 콩을 심고 김장을 갈아 먹기도 했습니다. 어느 해인가는 고추농사가 잘되어 온 가족이 대들어 고추를 따도 하루해가 모자랄 정도였습니다. 그렇듯 밭은 굶주림의 욕구를 보전해주는 수단 말고도 식구들을 한곳으로 모이게 했습니다. 변변치 않은 살림살이일지라도 정을 나누는 안방과 같은 따스함을 안겨줬습니다. 가문의 대를 이으며 삶에 희망을 줬던 곳. 저녁노을 질 때까지 밭고랑에 앉아 있어도 힘든 줄 몰랐던 터전. 그런 낙원이 온통 얼어버렸습니다.

장호원과 감곡 지역을 중심으로 복숭아 열풍이 한동안 불었습니다. 사람들은 돈이 된다니까 골짜기건 평지를 가리지 않고 복숭아나무를 심었습니다. 너도나도 '햇사레'를 꿈꿨습니다. 교단에 섰던 아버지도 현실의 답답함에서 벗어나려고 복사꽃이 피는 과수원을 그리워했고 마침내 열매를 품에 앉으셨습니다. 지난날 사과나무를 심었다가 실패한 경험이 있어 이번에야 말로 제대로 농사꾼 소리를 듣고 싶으셨을 겁니다. 눈 내리는 산에 핀 매화가 옛 선비들의 가슴을 울렸다면, 복사꽃이 피는 과수원은 아버지의 가슴에 불을 질렀습니다. 안평대군의 「몽유도원도夢遊桃源圖」에 등장하는 복숭아 숲이 그들이 꿈꾸는 이상세계였다면, 복사꽃 피는 과수원은 아버지가 꿈꾸던 정원이었습니다.

하지만 과수원은 아버지가 생각한 만큼 꽃이 피지 않았습니다. 봄이 오기 전부터 나무전지를 하고 소독을 하고 타 동네 사람까지 끌어들여 열매를 솎고 봉지를 씌웠건만 희망이 보이지 않았습니다. 투자

한 돈에 비해 매년 밑지는 장사였습니다. 농사꾼은 씨앗을 뿌리지만 열매를 맺게 하는 것은 하늘인가 봅니다. 태풍이 농사를 망쳐놓기도 했습니다. 다 된 밥에 재를 뿌린다고 복숭아를 땅바닥에 수북하게 깔아놓고, 가지를 부러트리고, 나무를 병들게 하고…….

복숭아나무도 아버지의 운명을 따라가나 봅니다. 해가 갈수록 세력이 약해집니다. 밑동이 병들고 가지가 부러지고 영양분을 제대로 받지 못해 말라 죽는 것도 있습니다. 쉬 늙어버린 아버지처럼 여린 바람에도 흔들립니다.

햇살 부서지고 복숭아는 익어 가는데 아버지가 보이지 않습니다. 과즙이 가득한 복숭아를 따던 모습 생각나는데 어딜 가셨는지 오지 않으십니다. 작년보다 복숭아 봉지 만여 장은 더 씌웠어. 이참에 차 바꿀까? 그런 목소리 이제 들을 수 없습니다. 올해엔 복숭아 금 좋다지, 금방 부자 될 겨, 그 카랑카랑한 음성도 메아리 되어 되돌아옵니다. 청주 나가는 길에 장인어른 집에 들르고 고모 집에도 한 상자 갖다 드려라. 그런 정겨움도 골짜기를 맴돌다 허공으로 흩어집니다. 아버지가 생각날 때마다 복숭아나무 그늘에 앉습니다.

과수원이 넓어 보여도 튼실한 복숭아나무는 고작 80여 주. 아버지는 그 나무 숫자보다도 못한 70여 년의 생을 살았습니다. 찬바람에 무너지는 복숭아나무처럼 짧은 삶을 살고 간 아버지. 살았다 할 것도 없는 모진 세월이었습니다. 나무가 병들고 얼어 죽을 때마다 그 빈자리에 복숭아나무를 심었더라면 아버지의 생도 그만큼 늘어났을까요. 죽은 나무를 볼 때마다 내 몸에도 얼음이 박힙니다.

한 줄기 바람이 과수원을 휩쓸고 지나갑니다. 작업 공간인 비닐하우스, 소독 줄, 나무를 괴는 받침대, 저울과 포장 상자, 그리고 아버지가 앉아 쉬셨던 나무 의자……. 금방이라도 아버지가 과수원에서 복숭아 하나 따 가지고 나오며 이거 하나 먹어보라고 손 내밀 것만 같습니다.

진장골의 전설을 찾아서

승냥이가 날것을 베어 물고 능선을 치고 나가는 듯한 바람이 볼을 핥고 지나간다. 눈이 녹아내려 신발에 진흙이 달라붙어 떨어지지 않아도 그 누군가 뒤에서 몸을 잡아당기는 것 같아 소름이 돋는다. 골짜기가 깊어질수록 까마귀 울음도 깊다. 마을의 전설이 서린 진장골을 찾아가는 내내 발걸음이 무겁다.

이정표가 보인다. 장승공원으로 가는 길. 가도 가도 굽잇길, 돌고 돌아도 고갯길. 사방이 온통 산으로 둘러싸여 대낮인데도 어둠침침했다. 멧돼지 같은 산짐승이 금방이라도 마을을 덮칠 것만 같다. 그 옛날 같으면 고갯마루에서 나무꾼을 만나거나 한양 땅으로 과거 보러 가던 선비들과 마주칠 것만 같은 길이다. 어쩌다 등산객을 만나고, 간

간이 사람 한둘 실은 승용차가 먼지를 일으키며 고개를 내려올 뿐 진장골을 찾아가는 사람은 우리 내외뿐이다.

마을에 재앙이 들이닥친 건 봄이 시작되던 2004년 3월 5일이었다. 사람들은 입춘과 우수가 지나 밭갈이하고 과수원에 거름을 내느라 정신이 없는데 폭설이 내렸다. 눈은 순식간에 길을 덮고 들을 묻으며 산까지 파묻었다. 소나무도 눈의 무게를 이겨내지 못해 뿌리째 뽑히거나 몸통이 두 동강 나 주저앉아버렸다. 직장에 나갔던 사람들이 아침에 몰고 나갔던 차를 길에 놔두고 온다 하고, 마을로 오는 버스도 끊겨 오도 가도 못한다고 야단이 났다. 눈은 꿋꿋이 마을을 지키는 사람들과 소나무마저 쓰러트렸다.

슬픔이 주는 고통이 심하면 눈물이 나오지 않는다고 했던가. 마을 사람들은 자식을 잃었을 때처럼 정적에 싸여 지냈다. 밤에 마실을 자주 가던 사람들도 문고리를 움켜잡고 있을 정도로 바깥출입을 자제했다. 수호신처럼 동네를 지켜주던 소나무가 그리 여럿 목이 잘려 나갔으니 앞으로 마을에 어떤 변고가 불어 닥칠지 모른다며 불안에 떨었다. 사람들은 그게 다 구룡산을 지키는 신神의 노여움 때문에 화를 입은 거라고 웅성거렸다. 어떤 사람은 시집도 못 가보고 죽어나간 처녀귀신이 원한을 풀지 못해 심술을 부리는 거라고 수군거렸다. 잘못하다간 멀쩡한 사

람도 죽어나갈지 모르니, 하루빨리 제祭를 올려드려야 하고, 승천하지 못한 용에게도 하늘길을 내주어야 한다며 야단이 났다.

눈물도 약이 된다고 사람들은 쓰러진 소나무 가지를 쳐내고 몸통째 베어 하나하나 주워 모았다. 그것을 적당한 크기로 잘라 껍질을 벗겨내고 여러 날 끌 작업을 했다. 덜어낼 건 덜어내고 파낼 건 파내고 음각과 양각을 주며 모양을 만들었다. 머리를 조각하고 눈을 만들고 귀를 달고 코도 깎았다. 사랑을 이루지 못한 처녀귀신의 원혼을 달래려 볼에 연지곤지 찍고 입술도 붉게 칠해주었다.

장승 모양도 가지가지, 그 수도 엄청나다. 마을의 전설을 찾아 산에 오르지만 장승 앞에서는 발걸음이 더뎌진다. 장승을 보는 재미도 재

미지만 엉뚱한 것에 자꾸만 눈길이 간다. 코가 길고 눈이 왕방울만 한 것이며, 턱이 길게 나오고 입이 함지박만 것 앞에선 웃음보가 터진다. 여성의 젖가슴과 은밀한 부위까지 모양새가 그럴듯한 장승 앞에선 발걸음이 떨어지지 않는다. 아녀자의 사랑과 이별의 아픔을 위로하느라 세워 놓은 남근男根 모양의 장승은 어찌 그리 실물과 모양이 흡사한지 한참을 바라보고 있으면 저절로 호흡이 거칠어지고 말초신경에 미세한 피돌기가 느껴질 정도다.

마음을 고쳐먹고 구룡산 삿갓봉에 오른다. 마을에 전해 내려오는 전설의 자락을 밟으며 발걸음을 옮긴다. 하지만 예사로운 것도 없다. 골짜기마다 여혈女血이 세다고는 하나 그 어떤 기운조차 느껴지지 않는다. 승천하지 못한 다리 몇 개 달린 이무기가 겨울잠을 자다 말고 기어 나올 것 같은 두려움에 조마조마했지만 햇살은 여전히 따사롭기만 하다.

몇 해 전에 내렸던 폭설에 마을 사람들이 그렇게 놀랐던 것은 눈이 주는 무게감보다 자신들이 짊어지고 갈 삶의 무게를 어떻게 감당해낼까 하는 두려움은 아니었을까 하고 생각에 잠겨본다. 못 먹고 배곯아 뱃가죽이 등에 달라붙을 때의 가난보다도 더 지독하게 밀려오는 고독, 혼자 남겨질까 하는 두려움, 밤낮을 구분 않고 찾아드는 공허감에 울부짖었던 건 아니었을까 하고. 음기淫氣가 산골짜기에 가득한 마을이라 남자들이 기를 못 펴고 지내왔을지 모르나, 몸속에 독버섯처럼 자라고 있는 애증과 회한, 그리고 상처받은 몸뚱이가 괴로워 모든 것을 내팽개치고 하나 둘 마을을 떠나갔을지도 모를 일이다.

남근男根 모양을 한 장승은 대개 음기가 센 지역에 세워져 있지만 집안의 대를 이으려는 아낙네의 손길이 잦은 게 사실이다. 조선시대 때에 기생 화장터로 사용되었던 서울 한복판 국회의사당에도 음기를 몰아내려고 남근석을 세웠다지만, 그것은 그들의 귀를 어지럽게 하는 수많은 민원을 막아주고, 발걸음 성가시게 하는 사람들도 찾아오지 않았으면 하고 기도하는 마음의 상징 돌이 아닐까. 그것을 부적符籍처럼 여기며 말이다. 장승에 손때 묻힌 사람들의 손을 떠올려 본다.

햇살이 비치는 언덕 아래에서 웃음 흘리던 아낙네의 모습이 지워지지 않는다. 산자락엔 아직 눈이 듬성듬성 박혀 있고 바람도 제법 차건만 그네들은 날씨에 상관 않고 장승을 바라보며 깔깔대며 웃음 주고 있었다.

구룡산에서 내려오면서도 산자락 여기저기에 세워놓은 장승에서 눈을 뗄 수가 없다. 자꾸만 눈길이 그곳으로 간다. 마을에도 땅거미가 지고 저녁놀이 내려앉는다. 슬며시 아내의 얼굴을 올려다본다. 아내의 얼굴빛도 붉다.

그 남자가 사는 법

그는 만날 때마다 이야기보따리를 풀어놓는다. 샘물처럼 더듬어내는 기억은 멀어져간 그리움의 조각들을 건져 올리게 한다.

이번 설에도 그는 얼굴을 내밀었다. 바람처럼 왔다가 동네를 떠나간 사람. 그는 한동안 소식이 없다가 몇 해 전부터 과일 상자를 들고 오고 먹을거리를 챙겼다. 하지만 어딘지 모르게 그의 얼굴엔 보이지 않는 미련이 남아 있는 듯 보인다. 내가 알지 못하는 그 어떤 슬픔이 묻어났다.

그를 처음 본 건 40여 년 전쯤이었다. 내가 초등학교 5학년쯤이었을까. 그는 허름한 옷차림에 자그마한 보따리를 손에 쥐고 있었다. 콧수염이 막 올라오는 앳된 얼굴이었다. 남들은 한창 공부할 나이인데 그는 나무를 하고 물을 길며 집안일을 도왔다. 겨울이 가고 또 다른 봄이 와도 동네를 떠나지 않았다.

어려서 일찍 어머니를 잃었다고 했다. 아버지마저 입에 풀칠할 정도로 가난을 이고 사는 처지였기에 6남매는 뿔뿔이 흩어져야 했다. 큰형은 영화관에 간판을 그리러 떠났고, 바로 위에 형도 사촌 집에서 농사일을 거들며 밥을 해결했다. 딸자식이 무슨 죄가 있다고 막내 여동생은 보육원으로 보내졌다. 그나마 그는 남자라고 농사거리가 있는 큰누나 집으로 오게 되었다.

그는 누나를 어머니처럼 의지하며 살았다. 소에게 풀을 뜯기러 뒷동산을 오르고 겨울이면 청솔가지를 찍어다 소죽을 끓였다. 동네 4H회를 조직하고 농번기에는 모를 심고 벼를 거둬들이는 품앗이를 자청했다. 이일 저일 가리지 않고 점차 동네 일꾼이 되어갔다. 그러면서도 참외와 수박 서리를 하고 밀이나 보리 이삭을 잘라 구워 먹었다. 또래들과 인근 마을 닭을 잡아다 먹는 과감한 행동을 하는가 하면, 부잣집 과수원에서 사과를 따 감춰놓고 먹으려다 들키는 바람에 동네가 시끄럽도록 혼쭐이 나기도 했다.

사춘기 소년은 그런 못된 짓을 해서라도 자신의 존재를 드러내고 싶었나 보다. 남의 집에 들어가 닭을 들고 나오고 사과를 따낸 것은 허기 때문만이 아니었을 것이다. 일부러 그런 짓을 하다 들켜 실컷 혼이 나더라도 펑펑 울고 나면 속이 후련하지 않았을까. 만날 거친 들판에서 몸부림치는 자신의 처지가 안쓰러워 자학이라도 하려는 마음이 가슴 한켠에 자리하고 있었을지 모른다. 부모 품이 그립고 형제 얼굴이 보고 싶을 때마다 회오리치는 감정을 억누르려고 그런 행동을 하지 않았나 생각된다.

그의 청년 시절은 한마디로 흙탕물 같은 삶이었다. 또래들과 달리 갖은 풍상을 겪으며 사춘기를 보냈다. 사람들은 그가 절골과 고란 가는 길 사이에 놓여 있던 우물가에서 풋사랑을 나눈 것을 알지 못한다. 어린이도 아니고 어른도 아닌 그 어정쩡한 시기에 마음 두지 못해 절절맸던 심정을 헤아리지 못한다. 남들은 질풍노도처럼 도시 물결에 휩싸이는데, 그만 들판을 지키는 허수아비처럼 혼자서 논밭을 쏘다녀야 했다. 어느 한곳에 마음 붙이지 못해 좌절하고 방황하는 주변인. 처음엔 밥 한 끼 해결하려고 누나를 찾았지만, 머릿속은 딴 세상을 그리고 있었나 보다.

내가 고등학교에 입학하고 얼마 되지 않았을 때 그는 저 먼 땅 사우디아라비아에서 소식을 전해왔다. 굴착기로 사막을 일구다 야자수 그늘에서 동료와 열기를 식히던 사진도 들어 있었다. 한번은 글씨를 거꾸로 쓴 편지를 보내왔는데 내용을 알아보기 어려웠다.(추신, 편지지를 뒤집어 불빛으로 읽기 바람.) 웃음이 먼저 나왔다. 하지만 놀란 것은 투시 면의 글씨의 획이 반듯반듯하고 정교했다. 마치 호랑이가 산허리를 차고 나가듯 글씨에서 힘이 느껴졌다. 그렇듯 그는 재주가 많은 사

람이다. 외국 사람들과 말이 안 통하면 그 자리에서 그림을 그려 식당을 알아내고 물건 가게를 찾아냈다. 초상화도 그렸는데 머릿결과 이마, 눈매와 콧잔등, 갸름한 얼굴과 목선, 그 어느 것 하나 나무랄 데 없을 정도였다.

그가 어린 시절을 보냈다는 동네는 외진 데다 산자락을 끼고 있어 사람이 발붙이고 살 수 없을 지경이었다. 집이 다닥다닥 붙어 있고 마당 넓은 집도 거의 없는 허름한 동네였다. 경운기조차 제대로 다닐 수 없는 좁다란 골목이 이어지고 조각보처럼 작은 뙈기밭과 하천, 그리고 기다란 골짜기가 마을을 바치고 있었다. 지금이야 마을 인근에 고속도로 IC가 뚫리고 공장이 들어서며 복숭아 농사로 해마다 수억여 원의 돈이 들락거리는 부촌으로 변했지만, 그전엔 호랑이가 나올 것 같은 문명이 닿지 않는 그런 곳이었다.

지금 그는 어느 정도 가난에서 벗어난 듯 보인다. 살림살이 구애받지 않을 정도로 보기 좋은 차를 굴린다. 토목현장에서 중장비를 부리

고 주말이면 형제들을 만난다. 웬만한 회사에 다니는 사람보다 한 달 수입이 나 보인다. 아이들도 취업 전선에 나가 돈을 벌어 올 만큼 잘 자랐다고 자랑을 늘어놓는다.

그런 그가 얼마 전에 내게 이런 말을 해왔다. 앞으로 4~5년만 일하고 누나네 동네로 다시 돌아오고 싶다고. 채소와 나물을 심어 먹으며 여생을 보내면 어떻겠느냐고. 나이 60이 넘으면 어딜 가도 쳐다보는 눈빛이 달라 빼꾸기와 부엉이 소리 들리는 동네에서 살고 싶다고.

수구초심首丘初心이라 했던가. 지금 내가 사는 집도 고향과 가까운 곳에 있고, 그 지역을 벗어나지 못하고 있듯이, 그 또한 어린 시절 가슴에 묻어둔 추억을 더듬어내려고 누나네 집을 찾는다. 그가 어린 시절을 보냈던 동네 한복판에 있는 수백 년 된 느티나무 아래에서의 기억을 되찾으려 누나와 마주한다.

(『에세이포레』, 2010,겨울호)

길에서 길을 묻다

미경이네는 지독한 술고래 남편을 둔 덕분에 오래전에 개터 마을로 쫓겨났다. 화분네도 살던 집에서 나와 신작로 근처에 덩그렇게 터를 잡았다. 광호도 동네를 떠나버렸다. 결국 매봉재 아래에는 두 집만 남았다.

오래전부터 부잣집이었던 우리 집과 붙어 있는 근이네 터에도 서울에서 살던 중년 내외가 내려왔다. 그는 이사를 오자마자 다 쓰러져가는 집을 헐어내고 조립식 건물을 올렸다. 육성 녹음을 위한 테이프 생산을 하는 가내수공업을 하기 위해서였다. 그것보다도 그는 회색 콘크리트의 문화에서 벗어난 것에 대해 안도하는 눈치였다. 흙냄새가 그리워 이사하기 전에도 동네를 미리 다녀갔다고 했다.

광호가 살던 집은 초라하기도 했지만 외떨어져 사람이 들지 않았다. 봄가을을 넘기면서는 벽면 곳곳이 떨어져 나가고 비바람에 지붕까지 내려앉았다. 보다 못한 땅 주인은 흉물 같은 집을 헐어내고 거기에 복숭아나무를 심었다. 그런데 광호네 집과 길 하나를 두고 살던 권씨는 이때다 싶어 광호네로 통하던 길에 흙을 돋워 마당으로 쓰고는 그것도 모자라 황토방을 붙여 짓고 그 옆에는 컨테이너까지 갖다놓았다. 결국 복숭아를 심은 밭은 농토 한가운데에 갇혀 오도 가도 못하는 꼴이 되고 말았다. 길이 없어진 거나 마찬가지였다.

어릴 적 그 길은 농사짓는 사람들이 다녔고 철부지 아이들도 토끼몰이하고 노루를 쫓으려 오르내렸다. 정월 대보름에는 그 길을 통해 매봉재를 올랐고 거기 너른 평지에서 달집을 태우며 액厄을 몰아내는 놀이를 하기도 했다. 자초지종이야 어떻든 답답한 사람은 그 밭을 부쳐 먹는 박 씨였다. 길이 없어졌으니 당장 복숭아를 심은 밭에 거름이며 비료를 내는 게 문제였다. 나중에 복숭아를 따 내는 것도 골칫거리였다. 그렇다고 먼 길에서 지고 이어 날라 가며 농사를 지을 수도 없는 노릇이다. 그렇게 한다 해도 노동력이 많이 드는데다 남들 보기에도 꼴이 우스워 동네 이장으로서 체면이 말이 아니기 때문이다.

세상이 변해가듯 동네도 하루가 다르게 변모하고 있다. 동네에서 10여 리 조금 떨어진 곳에 고속도로 나들목이 생겨나고 공장도 들어서고 있다. 빈집만 나면 외지 사람들이 용하게도 냄새를 맡는다. 그러다 보니 동네엔 얼굴 모르는 사람들이 꽤 있다. 어릴 적부터 그곳에서 학교에 다녔고 농토거리가 있어 지금도 주말이면 들락거리지만 그런 사람들과 부딪칠 때마다 내가 타인이 되고 나그네가 주인이 된 기분을 떨쳐버릴 수가 없다.

외지 사람들이 몰려들자 동네인심도 나날이 달라져 갔다. 그냥 도와주면 될 일도 품값을 꼬박꼬박 받아간다. 과수원 물을 몰래 퍼 쓰다 이웃끼리 다투고, 편을 갈라 일을 거들어주지 않는 집도 생겨난다. 며느리가 시어머니 몰래 전셋돈을 빼 나가지 않나, 오랫동안 부쳐 먹던 땅을 말 한마디 안 하고 팔아먹어 당숙과 조카가 원수지간이 되기도 한다.

말하면 뭐하랴. 동네 뒤편엔 선산先山이 있는데 산소 가는 길까지 없애가며 공사가 한창이다. 자재 창고를 짓고 철 구조물 사업을 하려는 모양이다. 하도 답답해 길을 물으니 창고가 지어지고 나면 그 경계境界 비탈면에 철제 계단을 대주겠다고 한다. 그런데 아무리 봐도 그 공간은 길이 되지 않을 성싶다. 다니라 해도 오히려 작업을 방해하는 것 같아 미안해 다니지 못할 것 같다.

뒷길은 못된 짓을 한 자들이 좋아하는 길이요, 개나 고양이 같은 짐승들이 갖은 천대를 받으며 숨어 다니는 길이다. 길은 내일로 가기 위한 끈이 되어 준다. 합合의 장소이며 망望의 통로다. 길은 사람들의 연緣이 되어 울고 웃게 한다. 그래서 나 있는 길은 어지간하면 없애거나 막지 않는다. 가겠다면 없는 길도 내주고 길이 좁다고 하면 넓혀 주는 게 도리이고 관습이다.

비만 오면 하도 질어 '진당리'라 불리던 원당리. 한 발짝 떼어 놓기 어려울 정도로 진흙이 신발창을 타고 올라오면 어머니의 부지깽이가 수시로 춤을 춰댔던 동네. 그렇지만 담 너머로 떡과 음식을 나눠 먹었고, 끼닛거리가 부족해도 어우리로 모를 심고 품앗이를 해가며 자식들을 키워냈다. 반벙어리인데다 손놀림까지 어눌해 놀림을 받았던 광호엄니도 사람들과 어울려 밭을 매고 고추를 심고 참깨를 털었다.

어렸을 적 동네에서 수수깡을 엮어 몸에 걸치고 집집이 찾아다니며 풍년을 기원하던 '거북놀이'의 기억이 새롭다. 몇 해 전, 겨울 KBS 방송국에서는 우리 집이 고풍스럽고 고전적인 맛이 난다 하여 이틀간이나 고향의 정겨움을 담아가기도 했는데 길에서 길을 묻는다. 길이 되어 묻는다. 서울에서 내려온 중년 남자의 말대로 고삽 아스팔트 포장을 걷어내면 마음의 밭이 생겨날까.

(『청풍문학』, 2008, 제12집)

발산리

어슴푸레한 골목길로 일 나갔던 사람들이 들어서고 집집마다 전등불이 켜진다. 약속이라도 한 것마냥 한 집 건너 만큼이다.

동네로 들어서는 길이 비좁아 간 길 되돌아 나와 큰길가에 차를 세워두고 나서도 오가는 사람 어깨에 걸릴 것 같아 팔려가는 소를 바라보는 심정이 된다. 그 너른 들녘에서 거름 냄새가 풍겨 와도, 거름이 오래도록 쌓여 있어도 누구 하나 치우라고도 하지 않나보다. 마을이 도시에 붙어 있는데도 사람 사는 냄새가 난다.

고향동네를 닮아 한 번 와보고 싶었던 발산리. 앞에는 하천이 흐르고 뒤로는 야트막한 산과 과수원이 병풍처럼 에둘러 있다. 촘촘하게 지어진 집 사이로 비닐하우스가 보이고 외양간에는 젖소들로 넘쳐난다. 동네가 둥그렇게 터를 잡은 데다 골목길이 여럿이라 숨바꼭질하면 좋을 것 같다. 야트막한 담에서 고개를 쑥 빼 밀고 속삭이듯 말해도 친구가 금방 방에서 나올 것만 같다.

오롯이 서 있는 종탑도 인상적이다. 종소리를 자주 듣는 사람들은 얼마나 좋을까. 가슴도 푸근하고 따뜻하겠지. 어떻게 냄새를 맡았는지 개까지 덩달아 짖어댄다. 시끄러워도 시끄럽지 않다. 시끄러운 것 같은 데도 조용한 게 시골이다.

늦은 시간에 들러 고생한다며 할머니가 대소쿠리에 있는 홍시를 건네고 옆집 아낙은 녹차를 덩그런 쟁반에 담아낸다. 며칠 전 왔을 때 인심 그대로다. 얼굴 안다고 곁에 붙어 참견하는 수염이 텁수룩한 할아버지의 너털웃음도 보기 좋다. 자전거를 외로 끌며 절뚝거리는 아픔을 안고 있지만 오늘따라 그러한 기색도 없으시다.

어떤 할머니는 땅에 닿을 듯이 허리가 구부정하지만 내 집에 온 손님 문전박대하면 안 된다며 마당까지 나오신다. 낯선 나를 타향에서 돌아온 아들인 양 반기며 할아버지가 암수술을 하고 병원에 입원해 있는데 어떤 음식을 해주면 좋으냐며 별의별 것을 다 물으신다.

그래, 그게 고향이다. 사람 냄새나는 데가 고향이다. 어쩌다 간 나

그네를 너나 할 것 없이 반기고, 다들 처음 보는데도 낯설어하지 않는 동네가 진짜 고향이다. 자식을 걱정하는 어머니처럼 입 다물지 않고 짜증을 내지 않는 사람들이 모여 사는 발산리가 다시 돌아갈 고향이다.

길이 비좁은데다 초가지붕이 즐비하지만 발산리가 정겹다. 일터에서 돌아와 툇마루에 앉는 사람들에게서 나는 땀 냄새마저 구수하다.

땅거미가 드리워진 처마 밑에선 저녁연기가 몽글몽글 피어오른다. 이리 저리 면모를 봐도 다들 넉넉해 보이지 않지만 저녁이 맛있게 익어간다. 머리에 수건을 둘러 쓴 여인이 아궁이 앞에 앉아 부지깽이로 타지 않은 등걸을 뒤적이면 덩달아 내 얼굴은 홍시가 된다.

길에서는 쇠똥 냄새가 나고 주인의 옷에서는 젖소 냄새가 난다. 나도 그를 처음 보고 그도 나를 처음 보지만 오랜만에 만난 사람처럼 반긴다. 거무칙칙한 얼굴에 모자를 눌러 썼는데 소 돌보는 일이 곧 끝난다며 잠시만 기다리라 하는 모습은 영락없는 고향동네 승현이 아버지를 닮았다.

승현이 아버지는 말이 어눌한데다가 행동까지 마뜩하지 않다. 농사를 짓느냐고 지어도 남는 게 별로 없다고 늘 투정이다. 수박농사가 짭짤한 해에는 참외를 심고, 고추가 비쌀 것이라고 심으면 되레 값이 내려간다. 그래서 사람들은 승현이네와 거꾸로 하면 돈을 번다고 농을 건다.

잠시 후 소 외양간에서 나온 남자는 기다린 지 얼마 되지 않았는데도 미안해한다. 장화를 벗더니 누추하지만 어서 들어오라고 방으로 내 손을 잡아끈다. 그러더니 선뜻 아랫목을 내어주고는 씻지도 않은 손으로 덥석 냉장고 문을 열더니만 음료수 한 잔 따라 낸다. 농촌이라 대접해 줄 게 없다며 또 미안해한다.

고향을 떠올리게 하며 향수를 달래주는 발산리. 어떤 여인은 생전 처음 보는 나를 붙잡고 신세 한탄을 하기도 했지만 찾는 사람보다 더 많은 사람을 만났다. 아궁이에서 갓 꺼낸 군고구마 같은 가슴이 따스한 사람들을 보았다. 내 몸에서도 젖소 냄새가 났다.

그런 발산리지만 한 옆으로 공장이 들어서고 불 켜진 사무실이 보인다. 동네 입구에 세워 놓은 차를 얼른 끌어다 뉘어놓아야겠다.

* 발산리 : 청주시 사천동 북쪽에 위치하고 있는 농촌 마을.

(『중부매일신문』, 2009. 9.25, 에세이 뜨락)

큰일

한 해 농사를 마무리하는 탈곡이야말로 무릇 농부들에겐 큰일 중의 큰일이다. 그런데도 난 뒷짐만 진 채 이리저리 논둑을 왔다 갔다 하고만 있다. 깔아놓은 멍석에 드러누운 채 곰방대를 입에 물고 있는 마름이나 양반처럼 거드름을 피운다.

탈곡은 예전처럼 더딤과 거치적거림을 거부한다. 콤바인의 자동화 시스템에 따라 벼 베는 일부터 탈곡까지 모든 공정이 일사천리로 이루어진다. 논바닥의 벼를 베 탈곡부로 끌어올리고 나면 레일 식으로 연결된 기계 장치로 보내져 낟알을 털어낸다. 낟알은 곧 운전석 뒤에 자리한 용량이 큰 저장고에 담긴다. 콤바인을 다루는 기사와 허드렛일을 챙기는 도우미 한 명만 따라붙으면 하루에 30여 마지기의 논 수

확도 거뜬하단다.

그전 같으면 상상도 할 수 없는 일이다. 타작하려면 새벽닭이 울기 전부터 일꾼들을 불러 아침밥을 먹여야 했다. 일 양이 많으면 여러 사람이 대들어도 하루에 해내지 못한다. 주영이네가 타작하는 날이었다. 그때는 시계가 귀해 그랬겠지만, 일꾼들이 아침밥을 먹고 났는데도 날이 새지 않아 한참을 더 자고 일어나서 일을 시작했다는 얘기가 전설처럼 전해진다.

내가 고등학교에 다니던 1970년대 중반까지만 해도 타작할 때 반자동 탈곡기를 사용했었다. 그 전에는 '와랑 와랑' 소리가 난다 하여 '와랑'이라 이름 붙여진 탈곡기를 썼다. 이는 원통형 쇠틀에 나무판을 잇대어 고정하고는 나무판에는 길쭉하고도 가는 못을 구부려 박은 것인데 장정 두 사람이 하단부에 있는 발판을 동시에 힘을 주고 밟아야 작동을 한다. 벼 탈곡 과정이 힘들고 고되다보니 발판을 구르는 사람들은 밥을 먹어도 금세 쑥 내려가니 새참을 달라고 야단이 났었다.

이른 봄부터 늦가을까지 손이 많이 가는 게 벼농사다. 초기 농사는 논을 갈고 써레질 하고 거름을 내며 벼를 논에 내는 과정이 이어진다. 임신과 태교를 거쳐 태어난 갓난아이가 어미 품에서 젖을 먹으면서 자라는 유아기로 볼 수 있다. 우선 잘 말려둔 볍씨를 광에서 내어 소독한 물에 담가 따스한 방에서 여러 날 시간을 두고 틔워낸다. 그런 다음 모판에 흙을 깔고 틔워낸 볍씨를 그 위에 뿌린 뒤 재차 모판에 흙을 얹어 못자리로 옮겨가는 과정이 이어진다. 경험이 많은 사람도 일 년 농사나 다름없는 못자리를 더러 실패하는데 갓난애가 어떻게 될까 봐 안달하는 어머니의 마음처럼 모를 내기 전까지는 애가 다 탄다.

다음 단계는 모판에서 나온 어린 모를 들판으로 내는 시기이다. 엄마 곁을 떠날 수 없는 아동기와 청소년기로 보면 된다. 자식을 정성껏 키워야 하는 부모의 마음과 같으니 근심이 태산이다. 물이 새던 논이나 무너진 논두렁이 있으면 모를 내기 전에 미리 손봐 놓아야 한다. 논둑의 잡풀을 태우고 비료도 준비해야 한다. 모를 이앙할 때는 6~7포기씩 떼어내 적당한 간격을 유지하고 줄을 맞춰 심는 기술이 요구된다. 그래야 바람이 잘 통하고 병충해를 막을 수 있다. 골이 넓고 똑

발라야 비료를 뿌리거나 다른 작업을 할 때 불편하지 않다.

모를 심고 나면 3~4일 안에 초기 제초를 해야 하는데 때를 놓치면 여름 내내 잡초와 씨름할 것을 각오해야 한다. 건강한 몸을 위해 시기별로 아이에게 예방접종을 하는 것처럼 여린 모일 때는 손이 많이 간다. 논물 조절하는 것도 요령이 필요하다. 땅 힘을 받기 전까지는 모살이가 심한데 물 조절을 잘해야 탈이 없다. 논에 물을 너무 가두면 모가 녹아버리고, 논에 물이 없으면 모가 타 죽는다. 농부들은 논에 물 들어가는 것 하고 자식 목구멍에 밥 넘어가는 것을 보면 배부르다 했다. 물이 귀하던 해에는 남의 논둑에 지게작대기로 구멍을 내면서까지 야밤에 물을 대는 얌체 짓을 하는 집도 있었다. 정말이지 이때는 사돈도 없고 이웃도 없다.

모가 어느 정도 자라면 적당한 시기에 농약을 치고 모의 자람과 발육 상태를 살펴 적당량의 시비施肥를 해야 한다. 풀이 잘 자라는 때라 논둑 풀을 깔끔하게 베어줘야 부지런하다는 소리를 듣는다. 그렇듯 이 시기엔 논을 보듬고 쓰다듬느라 정신이 없다. 아이를 학교에 보내놓고 선생님 말씀을 잘 듣는지, 친구들하고는 사이좋게 지내는지 걱정하듯이 늘 걱정을 두고 산다.

여름 내내 뙤약볕을 쏘여가며 노력과 정성을 기울여도 날씨가 도와줘야 한다. 가뭄이 들거나 홍수나 태풍으로 재해를 입으면 내 몸이 아픈 것보다 더 아리고 쓰라리다. 자식이 커서 시집을 보내거나 장가를 들여도 근심이 떠나지 않아 전화기를 들었다 놓았다 하듯이 늘 하늘을 올려다보고 산다.

논에서 벼를 거두는 일도 품이 많이 들지만 뒷일도 녹록하지 않다. 탈곡하고도 여러 번 손이 가야 한다. 지금이야 온풍기가 있어 벼 말리는 과정이 수월하지만, 그전에는 벼를 멍석에 일일이 펴 말려야 했다. 그러다 도중에 비라도 만나는 날이면 멍석을 끌어들이느라 곤혹을 치러야 했다. 그렇게 애써 벼를 말리면 그때야 농부는 이마에 흐르는 땀을 잠시 씻는다. 도정搗精하는 것을 지켜보면서 허리를 편다. 김이 솔솔 피어오르는 쌀밥을 먹는 즐거움을 누린다.

들녘이 황금빛으로 수놓으면 메뚜기까지 너울너울 그네를 탄다. 벼가 잘 자라도록 기운을 북돋아 준 햇볕에 감사의 마음을 전하고 싶다. 거친 몸뚱이를 깎고 다듬어 논바닥의 흙살을 부드럽게 해준 바람의 손길도 고맙다. 그 뜨거운 여름날 목을 축여주고 영양이 돌도록 생명의 길을 터준 물의 은혜로움도 잊을 수 없다.

그렇지만 농사꾼의 마음을 애석하게 하는 것이 한두 가지가 아니다. 농작물 값이 들쭉날쭉해 배추 한 포기에 3~4천 원 하다가도 어느 해에는 그냥 가져가라 해도 가져가지 않을 만큼 천덕꾸러기가 된다. 찹쌀 값이 때에 따라 가마당 20만 원에서 25만 원까지 오르내리면 메

벼 대신 찰벼를 심을 수밖에 없다. 쌀값이 좋아야 할 텐데 걱정이다.

그것 말고도 내게는 큰일이 더 있다. 어머니의 마음이 어제 다르고 오늘 다르다는 거다. 장에서 국밥 한 그릇 사 드시지 않고 아끼느라 쥐어짜면서도 자식들에게는 매번 주머니를 여신다. 이듬해 농사 밑천도 쟁여 놓아야 하는데 아버지가 돌아가시던 해에는 둘째가 불쌍하다며 벼 매상한 돈을 절반 이상 주었다. 작년에는 바로 밑에 있는 동생이 생활이 어렵다니까 농사지은 돈 1천만 원을 거리낌 없이 내주셨다. 돈이 없으면 절절매면서도 늘 그러신다.

하는 수 없어 나는 추수가 끝나기 전에 어머니에게 간곡하게 말씀드렸다. 올해만큼은 제발 돈을 움켜쥐고 계시라고. 그게 소원이라고. 소원이 이루어질지 모르겠다. 정말 큰일이다.

(『2010 부평 삶의 문학상 공모전』, 우수상)

3.

아들과 함께 떠나는 산사여행

아이는 차마 내 손을 뿌리치진 못하고 쑥스러워한다. 사진을 찍을 때에도 마주하는 시선을 어디에 둬야 할지 몰라 쩔쩔맨다. 그만큼 떨어져 있던 시간이 많았던 거다. 그럭저럭 무심하게 세월을 보냈던 거다.

어머니의 반쪽

빈집. 어둠이 안주인 대신 나를 맞는다. 병실에서 사용할 용품을 챙기려고 현관문 손잡이를 쥐자, 얼음조각처럼 차디찬 감촉이 묻어난다. 집안 곳곳엔 설을 쇠고 먹다 남긴 음식 그릇이며, 개키지 않은 이불과 옷가지도 눈에 들어온다. 마치 어머니의 그림자를 보는 것 같았다.

어머니의 다급한 전화를 받은 건 설 연휴가 끝난 다음 날이었다. 채 8시도 되지 않은 이른 시각 막 출근을 서두르는데 휴대전화가 울렸다. 전화선을 타고 흐르는 가냘픈 어머니의 음성. 목소리가 쉬어 있고 단어조차 어눌하고 불분명했다. 휴대전화에 어머니의 전화번호를 저장해 두지 않았다면 다른 사람이라고 여겼을 정도다.

"왜 그러세요, 엄니. 무슨 일이에요?"

"니 애비 있던 병원이여~. 장호원에서 어제 목간을 한 것 같은데, 왜 내가 병원에 있어~."

병원에서 하룻밤을 누워 있다 간신히 의식이 돌아와 들릴 듯 말 듯 한 목소리로 애타게 나를 찾는다. 의사의 진단으로는 초기 뇌경색 증세라 했다.

여동생들이 시집을 가고 나 또한 떨어져 생활하다 보니 시골에 계시는 어머니를 보살펴 드리지 못한다. 어머니는 혼자다. 일도 혼자 하고 밥도 혼자 드신다. 빈 뜰에 찾아든 달마저 가엾고 초라하다.

어머니는 논밭 일을 하거나 장날 약장사 구경하는 것 빼고는 꽃에 붙어사신다. 집 안 곳곳이 화단이요, 온통 사방이 꽃이다. 채송화와 맨드라미와 분꽃은 어렸을 적부터 마당에서 보아왔다. 동생들이 손톱에 봉숭아로 물을 들이는 것을 보고 꽃을 알아갔고, 담에 피어나는 나팔꽃을 바라보면서 내 마음에도 꽃을 심었다.

샘가 살피꽃밭에 심은 장미. 뜨거운 햇볕과 혹한을 이겨내는 기개

에 마음 끌린다. 창문을 타고 올라가며 꽃 잔치를 벌이는 매력에 마음 뺏긴다. 꽃이 연신 피어오르고 향기마저 그윽해 여러 집에서 탐을 내는 꽃. 가지가 늘어져 얼굴을 찔러대도 빨래집게로 집거나 홈통에 줄로 매달지언정 베어내지 못한다. 꽃이 지면 지는 게 아쉬워 조화造花를 달아 놓는 분이 어머니다.

장미는 어머니에게 애환이 서려있는 꽃이기도 하다. 6·25 난리가 나자 다른 사람들은 남으로 멀리멀리 피난 가는데 어머니네 식구들은 마을 인근 산으로 숨어들었다고 한다. 그런데 걱정은 은신처까지 음식을 날라다 먹는 일이었다. 어머니가 그 일을 도맡아 했는데 아무리 인정사정없는 전쟁터라도 애들까지 해치겠느냐며 어른들이 결정한 일이라 했다. 어머니는 밤낮을 가리지 않고 포탄 터지는 소리들 들어야 했고 겁도 나고 무서워 오금이 저려도 비명을 지를 수 없었다. 그렇지만 전쟁터에 절망만 있는 게 아니었나 보다. 산모퉁이를 지날 때마다 장미가 말을 걸어오고 풀꽃들이 손짓하며 어머니의 친구가 되어주었다. 장미는 어머니의 마음을 달랠 수 있는 또 다른 어머니였다.

아버지가 어머니에게 해 드린 유일한 꽃 선물 모란! 아침나절 햇살받아 그 자태 고와도 지금은 같이 봐 줄 사람 없다. 70이 드는 해에 떠나가신 아버지처럼 그 많은 날을 찬란히 불태우지 못하는 모란. 향기가 진하지 않고 꽃도 하루 이틀 반짝하다 시들고 마는 게 꼭 아버지와 닮았다. 공교롭게 아버지 생신이 들던 그 해 5월에 모란을 배경으로 가족들과 사진을 찍은 게 마지막이었다. 벌써 꽃이 된 아버지! 장미가 어머니의 꽃이라면 모란은 아버지의 꽃이다.

현관을 오르는 계단에도 갖가지 선인장이 줄지어 서 있다. 부채나 공작 모양을 한 것도 있지만 꼭 관상가치가 좋은 것만은 아니다. 선인장은 자식들과 달리 손이 많이 가지도 않거니와 내버려두다시피 해도 제 역할을 다하니, 어머니는 그런 모습이 좋은가 보다. 만 가지 시름으로 힘들어할 때마다 화사함으로 다가오고 위로받으니 속을 썩이는 자식 얼굴 보는 것보다 나아 그러는가 보다.

그렇게 어머니가 꽃을 좋아하니 사랑채를 헐어낼 때에도 화단을 빼놓지 않았다. 대개 화단은 마당이 줄어들까 봐 작게 하는데, 넉 자 정도나 되게 크게 만들었다. 그런데 어머니는 내 마음과 달리 화단을 밭으로 쓴다. 두둑과 고랑에 고추와 상추며 배추를 심고 담에는 강낭콩 덩굴을 올린다. 가을걷이가 끝나고 나면 마늘을 놓을 거라고 한다. 화단에서 꽃을 가꾸든지, 씨앗을 파종하여 농작물을 수확하든지, 어머니의 허전함을 메울 수 있다면 꽃이다. 그것은 꽃이 된다.

어머니가 꽃을 부르나. 꽃이 어머니를 부르나. 집 울타리는 그렇다 치더라도 텃밭이며 논둑에도 개나리가 가득하다. 꽃을 가꾸고 돌보는 어머니의 정성에 사람들은 고개를 저을 정도다. 어머니 말씀으로는 여름 장마에 논밭이 쓸려나가지 않도록 할 요량으로 개나리를 심었다지만, 나는 안다. 개나리는 거칠고 고단한 하루를 어루만져주는 아버지의 손길인 것을. 외로움을 견디지 못할 때마다 마음을 추슬러주는 바람막이 꽃인 것을. 울타리 개나리가 당신의 존재를 부각시키고자 하는 경계의 꽃이라면, 논 개나리는 허전한 마음과 수줍음을 들키지 않으려는 보호본능의 꽃이다.

마음으로 가꾸며 삭히며 익혀내는 자식도 꽃이다. 자식은 어머니가 정성을 다해 가꾸며 만들어 가는 꽃이다. 당신 몸으로 낳은 자식들이 몸에 난 가시로 찌르건, 잎사귀를 떨어뜨리건, 누구든 가리지 않고 가슴으로 안고 간다. 나는 어떤 꽃일까?

(『에세이 포레』, 2009년, 하반기 54호)

대추나무와 아버지

뜰 안의 대추나무가 예년 같지 않다. 잎을 내줄 시기가 아닌데 산들바람에 힘겨워하고 열매마저 푸르스름하다. 대추 한 알을 따 맛을 봐도 속이 흐물흐물하고 비릿하기만 하다.

나무에 병이라도 든 걸까? 올해는 일기가 고르고 태풍도 없었다. 앞밭에 있는 것은 열매가 실해 가을빛을 담쏙 안겨주고 있는 걸 보면 해거리 증세도 아닌 것 같다. 곰곰이 생각해보니 집히는 데가 있다. 얼마 전에 사랑채를 헐어내고 마당 구석구석까지 시멘트 포장을 했다. 집안 곳곳이 깨끗해져서 좋았지만 대추나무에 물줄기를 끊는 셈이었다.

난蘭을 키우면서 안 사실이지만 물 분무를 뜸하게 하거나, 한낮 뜨거운 창가에 난을 내버려두고 주말을 보내고 나면 잎사귀가 금세 노래진다. 난은 손수 자신의 몸을 태워 생명을 유지하느라 잎사귀 끝이 새까맣게 타들어가는 증세를 보인다. 그렇듯 벼락을 맞아도 견디는 옹골찬 대추나무라도 그 주변을 온통 시멘트로 포장했으니 목마른 태양의 계절을 견디기 어려웠을 것이다.

밭은기침을 하며 고통을 호소하는 아버지를 차마 볼 수 없어 병실 밖으로 나왔다. 애타는 절규가 병원 복도 끝까지 새나왔다. 아버지가 처음 병원에 올 때에는 밥 한 그릇도 거뜬히 비웠는데 시간이 갈수록 미움은커녕 물 한 모금조차 넘기지 못한다. 입을 벌릴 기력조차 없어 물을 수저로 떠 넣어 드려야 한다. 거칠기가 덜한 요구르트조차 한 숟가락 넘기면 좋으련만 손을 절레절레 내젓는다. 아버지의 몸은 야월대로 야위어 날이 갈수록 대추나무를 닮아간다. 아버지의 몸에서 수분이 빠져나간다는 증거다.

앞마당을 깨끗이 하고 화단을 정비한다는 명목 아래 마당에 시멘트를 부은 것이 대추나무를 시들게 했듯이 독성이 강한 병균은 아버지의 몸에 있는 물기를 빼앗아 갔다. 세상에 존재하는 모든 생물체는 물 없이 목숨을 이어가지 못한다. 사람이건 동물이건, 하다못해 식물일지라도 물 공급을 차단하면 어느 것도 살아남지 못한다. 공기처럼 가볍고 흔한 게 물이라지만 생명의 갈림길에선 물이 그 어느 것보다도 소중하다. 명약보다 효험이 있다. 몸에서 물을 받아들이지 못한다는 건 생명을 내주는 일이다.

물은 우리가 알지 못하는 생명의 비밀을 간직하고 있다. 사랑과 감사의 마음을 물에 전하면 물의 결정結晶이 선명하고 예쁜 육각형을 이룬다. 그와는 반대로 욕설과 꾸지람을 하면 그 결정이 무참히 깨져버린다. 물에 그와 같은 글씨를 써 보여주거나 음악을 들려주어도 반응은 유사하다. 사람의 몸속을 타고 흐르는 수분의 결정結晶도 일그러지지 말아야 한다. 각이 선명한 사랑의 결정체가 전신에 흘러야 한다.

할아버지는 큰아들을 잃은 절망감에 아버지를 대학도 졸업하기 전인 이른 나이에 장가를 보냈다. 얼굴 한번 보지 않고 배필을 맞아들인 아버지는 색시가 마음에 차지 않는다고 성화를 부렸다고 했다. 동생들이 어떻게 태어났는지 모를 정도로 웃음기 없는 나날이 이어졌다. 아버지는 농부의 자식이지만 교단에 섰고 공교롭게도 밭에서 일만 하는 어머니를 만났다.

아버지의 몸엔 이른 나이부터 탁류가 흐른 셈이다. 아름다운 몸으로 호흡해도 모자랄 판에 일그러진 물의 결정을 지니고 평생을 산 것이다. 물마저 사람의 목소리를 알아듣는데 두 분의 사이가 그리 서먹서먹했으니 사랑의 결정체가 반듯할 리 없다. 힘든 일이 닥칠 때마다 앞에서 끌고 뒤에서 밀어주어야 하는데 흙탕물을 걸러내지 못했으니 두 분의 삶이 안타까울 뿐이다.

아버지의 손을 잡아 본다. 온기가 전해오지 않는다. 창을 통해 들어오는 계곡은 아버지의 모습을 빼닮았다. 굽이굽이 파인 골짜기는 오래도록 논과 밭을 휘돌아 치던 아버지의 나이테다. 거북등처럼 변한 산 구릉은 거칠고 거칠어진 아버지의 손등이다. 그토록 자식들에게 감추고 싶어 했던 아버지의 그늘이다.

아버지의 몸에서 점점 물기가 빠져나간다. 물기를 받아들여도 시원찮은 판에 내주기만 한다. 그런데도 나는 아무것도 할 수 없다. 지켜보는 수밖에 없다. 아버지가 가족의 안위를 걱정하느라 성을 쌓고 물을 가두는 동안 내가 얻은 것은 무엇인가? 아버지는 나와 마지막 밤을 보내면서도 대추나무처럼 속이 타들어가는 고통을 참아내며 미안하다고만 했다. 아버지께 안겨드린 건 빈 껍데기뿐인데 뭐가 그리 미안했던가. 뭐가 미안하고, 왜 미안하냐고 해도 그저, 그냥 미안하다고…….

제사를 준비하는 손길이 분주하다. 대추와 밤이며 과일을 차리고 나물류를 올린다. 김이 모락모락 나는 탕이며 적과 송편을 진설한다. 한쪽에선 제주를 준비하고 지방을 모신다. 그런데 어딘지 모르게 허전하다. 빈방에 있는 것 같은 기분을 지울 수 없다. 잔을 올려드리는 손이 나도 모르게 떨린다.

마당으로 나와 대추나무를 올려다본다. 나무를 심은 지 어언 30여 년의 세월이 흘렀건만 그 기세가 안타깝다. 아버지가 들에 나가거나 힘든 일로 괴로워할 때마다 마주 했었는데 차례가 끝나고 나면 대추나무에 술이라도 한 잔 부어줘야겠다.

소나무에게 전하는 말

서 있는 것인지 드러누우려 하는 것인지 굽어도 너무 굽어 곱사 등 같다. 나무의 둥치와 키를 보면 수령은 1백 수壽에 가깝고 요리 조리 뒤틀어진 몸체는 용이 하늘로 승천할 때의 모습이다. 비바람 치고 눈보라 일어도 온건히 몸뚱이를 보존하니 품새가 늠름하고, 갖은 풍상을 이겨내니 기개는 사내대장부다.

선산先山을 지키는 소나무. 체조 선수가 아무리 유연함과 부드러움을 뽐내도 너만 하랴! 구불구불한 줄기와 늘어진 가지엔 그 누구도 흉내 내지 못할 곡선의 미학이 담겨 있다. 강強과 유柔의 조화로움에 내 몸도 뒤틀린다.

호사다마好事多魔라고 했던가. 그렇게 위풍당당하던 소나무는 몇 해

전에 산소에 뿌린 독한 풀 약 때문에 상해傷害를 입었다. 그 해害는 1년 이상 지속됐다. 솔잎이 벌겋게 타들어 가고 잎이 말라죽는 증상을 보였다. 독한 기운이 소나무 뿌리까지 스며들었으니 고래심줄 같은 생명력을 가진 소나무일지라도 버티기 어려웠나 보다.

아버지는 잡초의 그 끈질긴 생명력에 손을 들었다. 잡초를 뽑아내고 베어내도 계절이 바뀌면 언제 그랬냐는 듯 되올라와 제초제를 선택해 뿌렸던 것인데, 그것이 땅 아래 깊숙한 곳까지 흘러들어 소나무 뿌리까지 흔들어 버렸다. 이파리에 맺혀있던 이슬방울이 계곡을 적시고 강을 이루고 바다에서 한 몸 되듯 작은 것이 큰 것을 넘어트리고만 것이다.

소나무는 나무껍질 속의 상처가 채 아물기도 전인 2004년 3월에 설상가상雪上加霜 또 한 차례 시련을 겪는다. 전국에 때늦은 폭설이 내렸을 때였다. 눈이 순식간에 내려 차량 천장의 눈을 넉가래로 걷어내야했고 차량에 체인을 감아도 길에서 잠을 자게 했다. 폭설이 계곡의 덩치 큰 나무들까지 쓰러트렸으니 하마 같은 몸집을 가진 소나무지만 눈 무게를 감당해낼 수 없었나 보다. 윗가지가 부러지고 밑가지 2개마저 남쪽으로 처져 머리에 닿을 정도니 폭군의 심술을 가늠하고도 남는다.

그래 하는 수 없어 철공소에서 제작한 받침대를 소나무 키에 맞춰 받쳐주었다. 하지만 나무의 자람이 있어서인지, 비가 오고 눈이 오면서 땅의 형질이 변질되어 그랬는지 모르지만 기둥은 제구실을 하지 못했다. 받침대는 제자리에 있지 못하고 풀숲에 나뒹굴었다. 시간이 갈수록 나무는 더 기울었다. 금세 쓰러질까 두려울 정도였다. 그런데도 뾰족한 수가 떠오르지 않았다. 이런 저런 생각에 골몰하다가 늘어진 가지를 잘라주면 소나무가 기울어짐도 덜하고 원래의 모양대로 돌아올 것 같았다. 그런 생각을 하다가도 손을 잘못 대면 나무가 품새를 잃을 것 같아 톱을 들지 못했다. 상처 입은 여배우의 얼굴이 떠올랐다. 부상당한 운동선수의 절룩거림을 보았다. 그러다가도 또 젊은 처자들이 늘씬해지려고 덜 먹고 있는 살도 줄이는데 소나무라고 그런 마음을 갖지 않을까 해 다시 가지를 잘라주어야겠다고 마음을 고쳐먹었다.

그렇게 망설이기를 여러 번, 이런 저런 생각에 오늘 소나무 앞에 다시 선다. 봄날이 며칠 지나가지 않았는데 산소 주변은 온통 잡풀로 뒤덮여 있다. 주인이 없음을 아는가. 여귀와 바랭이와 환삼덩굴과 토끼풀과 못된 망초와 억새풀까지 뒤엉켜 있다. 잡초의 생명력은 이렇게도 질긴데 아버지는 한 주먹거리도 되지 않는 병원균을 이겨내지 못했다. 잡초보다 낮은 곳에 임하실 게 뭔가.

지난해 가을, 나는 아버지의 반쯤 풀린 눈동자에서 그렁그렁 매달린 슬픔을 보고 말았다. 나뭇잎을 살살 흔드는 미풍마저 힘겨워 했던 눈까풀에는 알 수 없는 회한의 눈물이 맺혀 있었다. 무엇인가를 말하려 했지만 입술이 떨려 아무 말도 하지 못했던 아버지는 나와 눈을 마주치지 않으려고만 했다.

풀잎처럼 누운 자리에 바람이 인다. 움폭 들어간 볼 거죽 사이를 스치고 지나가던 그 바람이 또 분다. 미안하다는 말의 진정한 의미는 무엇인가? 인생사 누구나 비슷하고, 겪어가는 것 모두 그만 그만할 텐데 뭐가 그리 미안한가? 물려준 게 적어. 잘 가르치지 못해. 아니면, 자식들 제대로 키워 놓지 못해. 있음 뭐하고 부족하면 어떤가. 태어날 때에는 모든 걸 움켜쥐려고 손을 앙다물고 나오지만, 죽음을 맞을 때에는 눈 감기조차 힘에 겨워 눈까풀을 사르르 떨지 않는가.

뿌리의 힘만으로 떠받치고 사는 게 안쓰럽겠지만 지금부터 소나무 네가 아버지를 지켜드려야 한다. 아버지가 네 곁에서 주변의 풀을 뽑고 말을 걸고 새를 몰고 바람을 실어오듯 이제부터 네가 그렇게 아버지에게 해드려야 한다. 땡볕이 들면 몸을 기울여 그늘을 만들고 비바람의 방향도 돌려야 한다. 가지를 잘라줘야 할지 말아야 할지 지금도 갈등하지만 내가 전하는 마음의 반만이라도 기억해 주길 바랄 뿐이다.

고추잠자리

살이 썩어가는 냄새가 난다. 유독 나만 그 냄새를 맡는다. 사람들은 그것을 정을 떼는 징조라고 했다. 죽음에 연연하지 말라는 고인故人의 마음이며 현생現生에 전념하라는 가호加護의 손짓이라고. 정말 아버지의 살 냄새를 맡고부터는 한동안 산소에 발걸음을 하지 못했다. 그 역한 냄새가 발길을 붙들곤 했다.

그리움이 사무치면 뼛속까지 파고드는가. 애오라지 아버지에 대한 그리움으로 아침 일찍 집에서 나왔다. 하늘이 잔뜩 웅크려 있다. 얼마 지나지 않아 비가 쏟아진다. 지난 일요일에도 비가 내렸었는데 날을 받아놓은 것처럼 주말마다 이런다. 청주를 지나 진천에 닿을 즘에는 폭우로 변한다. 몹쓸 놈의 비.

아버지가 쓰러진 그해에도 많은 비가 내렸었다. 태풍 나비는 결실을 앞둔 논을 사정없이 난도질했다. 논바닥은 나뭇가지와 깡통이 쌓이고 토사까지 뒤덮여 쓰레기더미 같았다. 논두렁도 거센 물살을 이겨내지 못해 군데군데 터져나갔다. 하늘이 원망스러웠다. 그래도 아버지는 벼 한 포기라도 더 건질 요량으로 이리저리 뒤엉킨 벼 포기를 일으켜 세웠다. 큰 수술을 앞에 두고 있던 아버지였지만 논이 원래 상태로 돌아오지 못할까 봐 그걸 더 염려했다.

빗줄기가 거세지면 거세질수록 가슴속에도 비가 내린다. 슬픔이 그렁그렁 목에 걸린다. 그날 밤 하얀 시트가 깔린 병실에서 보았던 아버지의 침묵! 나는 그날 아버지의 이마에서 골짜기보다 더 깊은 그늘을 보았다. 간간이 웃음 섞인 목소리가 병실 밖으로 새 나와도 내가 저질렀던 불효를 용서할 수 없었다. 그 무거움이란. 생각을 털어내려 해도 지워지지 않는 그날 밤의 적막! 아버지 생전에 나는 어떤 모습으로 각인됐을까?

차원도 브러시가 연방 빗물을 밀어내도 복받쳐 오르는 감정이 추슬러지지 않는다. 옆에서 아내가 말을 걸어와도 딴전을 부려 자꾸 되묻게 한다. 비가 소강상태에 접어들긴 했지만 그칠 기세가 아니다. 도로에서 빠져나와 차를 받쳐두고 산소로 향했다. 무성한 환삼덩굴이 둔덕을 타고 올라온 게 멀리서도 보였다. 집에 다녀간 지 채 한 달도 되지 않았는데 잡풀로 뒤덮인 유택. 봉분까지 덮으려는 기세다. 그렇잖아도 몇 해 전에 산소 하단부에 자리한 소나무들을 베어내고 구렁을 메우고 떼를 보식했건만 그러한 성의마저 온데간데없다.

아무리 쉼 없이 풀을 뽑고 덩굴을 제거해도 일한 표시가 나지 않았다. 성깔을 부리던 비가 그쳤지만 올라오는 습에 숨이 턱턱 막힌다. 우리네 생은 잎사귀에서 흘러내리는 이슬방울처럼 금방 사그라지고 마는데 잡초는 강한 본능을 보인다. 줄기가 끊기고 잎사귀가 뜯겨나가도 여지없이 촉을 내민다.

비 갠 하늘에 잠자리가 떼 지어 난다. 때 이른 7월인데 어디서 날아든 걸까? 산소 뒤쪽엔 고추와 콩을 심은 밭이 있고 서쪽으로는 논이 있다. 조금 떨어진 곳엔 인삼포가 있다. 일하면서도 의심은 풀리지 않는다. 훠이훠이 손을 내저어도 잠자리는 머리 위에서 너울너울 춤춘다. 땀을 식히려고 나무 그늘로 옮겨갈 때 빼고는 그곳을 벗어나지 않는다. 이상한 일이다. 어떠한 연유로 잠자리가 내게 다가왔으며, 내게서 떠나지 않는가.

시골집 건넌방 벽에는 고추잠자리 액자가 한동안 걸렸었다. 시詩가 있고 삽화가 그려진 '고추잠자리' 액자. 어린 내 눈에 비친 아버지는 언제든지 훌쩍 떠날 사람처럼 보였다. 잠재된 욕망과 잃어버린 꿈의 조각을 찾아 떠나는 나그네. 목적지는 '푸른 꽃의 전설'이 숨겨진 곳. 하인리이*처럼 수많은 사람을 만나고 누구를 그리워할 수 있는 곳. 고추잠자리처럼 마음대로 날갯짓을 할 수 있는 그런 곳으로. 주변의 거치적거림도 거부하는 자유인으로 살고 싶으셨던 아버지. 고추잠자리처럼 불그죽죽한 야심을 드러낼 수 있는 곳이라면 어디라도 가고 싶어 했던 아버지.

할아버지 산소까지 돌봐 드리고 나니 어스름 땅거미가 내려앉는다. 그쳤던 비가 다시 내리려는지 하늘이 돌아눕는다. 서둘러 일을 마무리하고 차를 세워놓은 논둑까지 바삐 걸어 나왔다. 그때 아내는 놀랄 이야기를 해온다. 고추잠자리가 내 등 뒤를 졸졸 따라왔다고. 그리고는 잠시 주변을 맴돌다가 되돌아갔다고.

아버지는 제2의 삶을 알고 계셨던가? 죽음으로 돌아가면 동물이나 다른 생명체로 환생한다는데 고추잠자리로 환생하셨나? 아직 밝혀지지 않은 인간의 죽음과 사후死後의 세계. 임사臨死체험자들은 죽음을 결코 '죽음'으로만 받아들이지 않는다고 했다. 무의식 상태에서 유체가 이탈되어도 평화로움을 느끼고 광채가 나는 터널 속으로 빨려 들어가는 기분을 체험했단다. 어찌되든 아버지가 편안하셨으면 하는 마음뿐이다. 이승에서 못다 이루신 거, 아쉬운 거 모두 털어버리고 그저 하루하루 마음먹은 대로 지냈으면 한다.

아버지는 내가 찾아준 것이 고마운가. 말끔하게 단장된 유택이 보기 좋아 잠자리가 되어 춤을 추는가. 그렇게 억수같이 내리던 비가 산소에 도착하니 그치고, 제초작업을 끝내자 다시 내리는 것은 무엇으로 설명할 수 있나. 풀어야 할 수수께끼가 또 하나 생겼다. 고추잠자리와 아버지와 나. 아버지 곁으로 돌아갈 그날에야 해답을 얻을 수 있을까.

(『2010 제4회 한민족 효사랑 글짓기 전국 공모전』, 당선작)

*하인리이 : 노발리스(1772~1801)에 미완성 소설 『푸른꽃의 주인공』

각시의 정선아리랑

눈만 뜨면 정선, 정선, 정선 5일장 타령을 해도 각시의 청을 들은 체만 체했다. 춘삼월에 꽃이 피고 오뉴월에 신록이 들어도 딴전을 부렸다. 일이 뭐 대수라고. 돈을 많이 벌어다 주나 호강을 시키나 각시의 정선아리랑이 전해질까 두렵다.

정선 가자 정선 가자 그렇게 입에 달고 살아도~
우리 집 서방님은 요리 핑계 조리 핑계 변죽만 울리네
아리랑 아리랑 아라리요
정선 5일장 구경을 언제나 해보려나.

누구는 해외여행 간다, 명품으로 치장하는데~
처량한 이내 신세 옷고름 떨어진 저고리로구나
아리랑 아리랑 아라리요
정선아리랑 가락이 그리워 못살겠네.

밥해주고 애들 낳느라고 잔주름만 키웠는데~
우리 집 서방님은 뭐 잘났다고 호통만 치네
아리랑 아리랑 아라리요
정선아리랑 고개를 어서 넘게 해주오.

오근장역에서 8시 18분 제천으로 향하는 기차에 올랐지만 정선으로 곧장 가는 기차가 없다. 제천역에서 50여 분을 기다렸다가 증산으로 가는 기차로 갈아타라고 한다. 기다리는 시간이 문제가 아니라 제천역에 내리면 고달픈 신혼시절의 배고픔 때문에 눈물이 날까 두렵다.

정선 장터에 들어서자마자 '눈이 올라나 비가 올라나 억수장마 질려나…….' 가락이 울린다. 부침개 자글자글, 옥수수 싸악싸악, 감자 노릇노릇 익어 간다. 구경꾼들도 봇물 터지듯 이리저리 얽힌다. 솥뚜껑 여닫는 소리에 얼씨구, 만물상 방물장수 흥정하는 소리에 절씨구. 절로 흥이 난다. 짚신과 삼태기와 둥구미와 소쿠리를 너무나 오랜만에 보았다. 누가 강원도 아니랄까봐 물푸레나무 도낏자루까지 나와 있다. 이파리가 넓은 곰취와 명이나물로 불리는 산마늘도 입맛을 돌게 한다. 팔뚝만 한 더덕과 허리 잘록한 도라지까지 고개 내미니 다 담지 못해 어이하나.

국밥집에 걸어놓은 솥단지에선 김이 모락모락 올라온다. 금강산도 식후경이라고 뭘 먹어야 기운이 날 것 같다. 빈대떡에 동동주는 기본, 그 이름도 유명한 '콧등치기국수를 시켰다. 식당 주인은 묻지도 않은 국수의 전설을 자랑스럽게 늘어놓는다. 면발이 하도 존득존득해 후루룩거리고 먹다 보면 면발이 콧등을 친다는 그 전설을. 그네들은 애절하게 눈물 흘리며 「아리랑」을 부르는데 나는 꾸역꾸역 국수 가락을 삼킨다.

"할멈은 아 치고 아는 개 치고 개는 꼬리 치고 꼬리는 마당 치고 마당 웃전의 버드나무는 바람을 맞받아치는데~ 우리 집 서방님은 날 안고 돌 줄을 모르네. 멍텅구리는 낮잠만 자네."

투정 섞인 아낙의 한숨 소리가 들리고 가슴에 켜켜이 쌓아 둔 슬픔이 묻어난다. 두메를 벗어나지 못한 사람들이 배곯고 허기질 때마다 시름시름 앓으며 부르던 가락. 「정선아리랑」 가락을 풀어내는 전수자들의 몸짓마저 구슬프다. 고생바가지 짊어지고 산 능선 넘던 그네들에게 기쁨은 없었다. 춘삼월 곳곳에 해당화가 흐드러지게 펴도 꽃을 노래하지 못했다. 죽지 못해 억지로 목숨을 연명하던 절규와 눈물겨운 사연이 가슴을 후린다.

아리랑 노랫말이 구구절절하고 기묘해 어느 것 하나 놓칠 수 없다. 가사 한 구절 한 구절 흐르는 위트와 유머에 피로가 녹는다. 자신의 이름조차 떳떳하게 드러낼 수 없었던 여인들! 그네들은 서방이 아무리 밉더라도 미워하지 않았다. 싫어도 싫다고 드러내지 않았다. 자신의 처지가 못나 서방이 그렇게 되었다고 되레 자신을 원망하는 그네들이었다.

"우리 집의 서방님은 잘났든지 못났든지 부끔떡 세 조각을 새 뿔에 바싹 매달고 엽전 석 냥 걸머지고 강릉 삼척으로 소금 사러 가셨는데~ 백봉령 굽이굽이 부디 잘 다녀오세요."

그렇듯 그네들은 지아비를 하늘같이 떠받들고 살았다. 지금은 시절이 변해 여인네들이 남자 등에 업혀 살지만, 그네들은 하늘만 바라보고 한숨지었다. 남정네 거두고 자식새끼 보듬으며 사는 게 진짜 삶인 줄 알았다.

「아리랑」이 평안도부터 시작해 경기도는 물론, 전라도며 경상도의 밀양까지 널리 퍼져 있지만 정선아리랑만큼 가슴을 쥐어뜯는 것도 없다. 「정선아리랑」은 삶을 토해내듯 부르는 소리다. 애잔함이 배어 있어 들으면 들을수록 서러움이 복받쳐 오른다. 먹지 못하고 입지 못해 등 거죽에 배 붙은 사람들이 피를 토해내면서 부르던 노래. 득음得音하여 쏟아내던 한 맺힌 투정가가 가슴을 후빈다.

집으로 돌아오는 길에 「정선아리랑」이 담긴 녹음테이프를 하나 사가지고 왔다. 며칠을 두고 들어야 할 것 같다. 슬픔과 기쁨을 자유롭게 넘나들면서 고뇌를 삭이는 가락이라 들으면 들을수록 가슴을 울린다. 물박 장단에 맞춰 옥구슬 흘러가듯 뱉어내는 가락이라 자꾸만 따라 부른다. 너는 춤을 추고 나는 노래를 부르며 세상을 희롱해본다. 각시의 여행 아리랑 한 가락 지어나 본다.

오늘 갈는지 내일 갈는지 기약도 없었는데~

콧바람 들었나 봄바람 들었나

우리 서방님 어쩐 일로 정선 장엘 다 왔나

아리랑 아리랑 아라리요

아리랑 고개 고개 잘도 넘었네.

못났던지 잘났던지 각시 없으면 못사는데~

아홉 굽이 열두 고개 뭐가 대수냐

이리저리 굴러가며 얼크렁 덜크렁 살자

아리랑 아리랑 아라리요

아리랑 고개 고개 언제든지 넘자꾸나.

(『수필 시대』, 2009. 11~12월호)

태종대에서

죽음의 전설을 안고 있는 자살바위 앞에 선다. 갈매기 끼륵끼륵. 물결 아른아른. 온몸에 으스스 소름 돋아 몇 걸음 뒤로 물린다.

사람들에게 굴욕감보다 더한 상처는 없다. 온몸을 다하여 가꿔놓은 자리를 하루아침에 느닷없이 빼앗겼을 때의 허탈감은 이루 말할 수 없다. 그 자리에 오기까지 고통과 인내의 시간을 견뎌왔다. 월급이 적더라도 참아냈고 자식

들 돌보지 못하면서도 당당했다. 그렇듯 자리를 잃으면 모든 걸 내놓는 것과 다를 바 없다. 자리가 삶이다. 현실이 자신을 알아주지 않을 때에는 절망한다.

고향 땅을 떠나 수만리 객지에서 보냈던 불망의 밤. 1 · 4후퇴 때 피난민들은 피난살이가 고될지라도 부모형제들을 만날 수 있다는 기대감에 영도다리까지 흘러들었다. 절체절명의 기로에서 갈데까지 간 사람들. 그들은 비록 못 먹고 못 입었지만 희망의 끈을 놓지 않았다. 매서운 추위와 칼바람이 불어 닥쳐도 혈육을 만날까 하는 기대감에 낯선 땅을 두려워하지 않았다.

하지만 피난민들에게 다가온 것은 죽음의 그림자였다. 한 술의 밥도 한 평의 잠자리도 한 가닥의 가족 소식도 들을 수 없는 허허발판에서 그들이 선택할 수 있는 건 죽음뿐이었다. 의지할 사람 없어 그들은 절망했고 의지할 땅 한 평 없어 그들은 죽어갔다. 얼음 박힌 땅에서 그들도 얼음이 되었다. 당국에선 피난민들의 처지가 안타까워 영도다리에 진을 치고 죽음을 막았지만 달라지는 것은 없었다. 피난민들은 단속이 심해지자 그 인근에 위치한 태종대로 몰려갔다. 그곳 또한 죽음의 성지가 되고 말았다.

피난민들이 거친 파도를 두려워하지 않고 바닷물에 몸을 던지자 당국에서는 한 명의 목숨이라도 더 구하려고 "한 번 더 생각해 보세요."라는 경고문을 써서 붙였다. 그런데도 그네들은 당국의 성의를 비웃기라도 하듯 하루가 멀다 하고 바다에 몸을 던졌다. 간혹 그 자살 방지 문구를 보고 마음을 바꿔 먹는 사람도 있었지만, 그걸 본 많은 피난민들은 한 번 더 생각해 보라는 그 경구警句를 보고는 내가 더 살아 뭐하겠느냐며 절망하며 물 쪽으로 뛰어들었다고 한다. 웃지 못할 전설을 담고 있는 '자살바위.' 부질없이 목숨을 버린 사람들의 목소리가 지금도 들리는 듯해 가슴이 서늘해온다. 한 줄기 서늘한 바람이 바위를 훑고 지나간다.

구경꾼들은 그 옛날 비련의 시간을 뒤로한 채 모자상을 배경으로 사진을 찍는다. 해맑게 미소 지으며 물살과 함께 출렁인다. 서걱거리는 갈대와도 같은 육신, 한 줌의 바닷물도 이겨내지 못하는 연약한 몸뚱이임을 아는지 거친 파도와 맞서지 않는다. 지난날의 부귀영화와 권세도 하룻밤이면 온데간데없다는 듯 모든 것을 내려놓는다. 욕망으로 가득한 몸뚱이를 물 위에 내려놓는다.

바다는 끊임없이 관계하며 흘러간다. 절망을 두려워하지 않고 사라질 것을 염려하지 않는다. 유유히 물결치며 몸으로 받아낸다. 사랑한다, 미안하다, 잘못했다, 말 못하고 살아온 날을 후회해봤자 달라질 것도 없다. 바닷물이 물길을 바꾸듯 사람들도 왔던 길을 되돌아가야 한다.

아내가 무슨 생각을 그리하느냐며 어깨를 툭 친다. 나는 아무 일도 없었다는 듯 태연하게 바다를 내려다본다. 죽음의 전설을 안고 있는 태종대 바위에서 죽어나간 사람들의 전설을 읽는다. 그들의 이야기를 듣는다.

8월의 태양이 온 누리를 달구지만 불어오는 바람이 시원하다. 해운대가 오라 하고 오륙도가 보자 하니 해 지기 전에 얼른 발걸음을 서둘러야겠다.

혼자 떠나는 여행

바다 내음이 그립다. 파도를 휘젓는 갈매기와 뱃고동 소리에 몸을 맡긴다. 10년이 더 지난 뒤에 맛보는 오랜만의 외출! 눈부신 아침을 준비하려고 태양은 여명의 바다에 불을 지핀다. 아득한 곳에서 고기잡이배가 들어오고 갈매기는 돌무더기 주변을 무리지어 날며 꽃이 된다. 파도마저 그 기세에 눌려 숨죽이며 찰랑댄다. 바다는 비어가는 가슴을 뻐근하게 한다. 나그네를 품는다.

마음을 들뜨게 하고 흔들어 놓는 게 여행이다. 어린아이가 풍선을 부풀려 하늘로 띄우거나 김밥 한 조각을 입에 넣고 오물거릴 때와 같은 만족감과 포만감을 기대할 수 있어 전율을 느낀다. 밤잠을 설치더라도 상상의 나래를 펴고 희망의 나팔을 불 수 있어서 좋다. 갑작스레 떠나는 여행이라면 더 그렇다. 아무 부담 없이, 조건 없이 집을 나설 수 있다면 연인과 손을 잡을 때처럼 설렌다.

바다의 품에서 벗어난 지 보름이 지나 또 다른 여행이 이어진다. 진주로 향하는 길. 이른 아침부터 눈이 쏟아진다. 조팝나무 꽃잎을 뿌려놓은 듯 온 산하가 하얗게 물든다. 어두워졌던 마음이 누그러진다. 차창에도 솜사탕처럼 달착지근한 눈이 소복하게 얹힌다.

남쪽으로 향하는 시간이 축적될수록 눈은 비로 바뀐다. 고개를 오르고 나면 다시 눈으로 변한다. 여행길이 예사롭지 않을 것 같다. 어언 30여 년 전, 내가 혼자 여행을 떠났던 그 해에도 많은 눈이 내렸었다.

여행을 떠나기 전날 밤 친구들은 내게 눈꽃송이를 뿌려주며 다독여주었다. 한동안 보지 못할 것을 아쉬워하며 놓아주지 않았다. 부모의 손길과 정든 초가草家를 뒤로하고 떠나야 했던 여행. 강추위와 살을 에는 골바람에 눈물이 났고 문화의 차이에서 오는 동료와의 갈등에 몸부림쳐야만 했다. 그럴 때마다 눈꽃은 나약해져가는 초병哨兵을 위로했다. 시린 몸을 녹여주고 고향의 향수를 떨쳐내게 했다. 그렇지만 이삼일 건너만큼 눈을 쏟아부을 때에는 눈꽃은 낭만이 아니었다. 치워도, 치워도 끝이 없었던 그 넓디넓은 연병장의 눈. 눈 내리는 계곡에서 훈련을 받아야 하는 운명 앞에서 나는 한없이 작아졌다. 한기가 살갗을 파고들던 너무나 모진 세월, 그해 겨울처럼 눈을 미워한 적도 없다.

그렇기에 이번 여행은 포항 호미곶에서와 같이 호들갑스럽게 보내거나 들뜰 수가 없다. 지난번과 같이 여행객의 숫자는 같아도 이번에는 한 사람을 여행지에 남겨두고 와야 한다. 보풀거리는 눈꽃의 향연을 보아도 돌아올 때의 허전함을 알기에 다들 말을 아낀다. 사내대장부가 짊어져야 하는 짐! 남에게 부탁하거나 맡길 수도 없는 숙명적인 의무를 다하려고 아들은 낯선 여행지에 남는다.

여행은 지난날에 남긴 발자국을 하나씩 지우는 일인지도 모른다. 가는 길을 제대로 가고 있는지 확인할 수 있는 기회이기도 하다. 지금까지 알지 못했던, 혹은 잃어버렸던 나를 발견하기도 한다.

아들! 이번 여행을 통해 육신의 무거움을 조금이라도 덜어냈으면 한다. 일상에 갇혀 답답해하고 갈등하느라 곰비임비 짊어졌던 덕지덕지한 걱정거리도 내려놓았으면 좋겠다. 겉으로는 멀쩡해 보여도 끈적거리는 회한悔恨 때문에 머리가 멍하고, 애면글면하느라 뒤돌아볼 시간이 없었을 텐데 문실문실 뻗어가는 나무줄기와 포르르 날아가는 새들의 합창에도 귀 기울였으면 한다. 밤하늘에 빛나는 별을 보면서 진정 자기 자신을 사랑하는 암팡진 시간으로 채웠으면 좋겠다. 여행하는 동안 암초를 만나고 우두망찰하기도 하겠지만 이번 여행이 자신을 다듬는 좋은 스승이었으면 싶다.

떨어지지 않는 발걸음을 돌려 승용차에 올랐다. 병영兵營을 빠져나오는 차량이 몇 발짝을 옮겨가지 못하고 가다 서기를 반복한다. 어디 갈비뼈 하나를 놓아두고 홀연히 떠날 수 있겠는가? 절망할 때보다 고뇌에 찬 얼굴들. 다들 벌레를 씹은 표정으로 물먹은 솜이 되어 병영을 빠져나간다.

동반자를 안심시키려 차 안에서 그렇게 오사바사한 말을 해가며 싱글벙글했던 것은, 긴 여행에 앞서 같이한 식탁에서도 배부르다며 자기 몫을 덜어주려 했던 것은 아들이 혼자 여행을 떠나기 위한 마지막 준비였나 보다.

아들과 함께 떠나는 산사여행 / 경기도 안성 칠현산 칠장사

아들과 함께 천년고찰의 품에 안겨

만남이 뜸하면 멀어진다는데 자식도 예외일 수 없나 보다. 절 경내를 걷다가 손을 잡자 아이는 차마 내 손을 뿌리치진 못하고 쑥스러워한다. 사진을 찍을 때에도 마주하는 시선을 어디에 둬야 할지 몰라 쩔쩔맨다. 그만큼 떨어져 있던 시간이 많았던 거다. 그럭저럭 무심하게 세월을 보냈던 거다.

아이와 함께 길을 나섰던 게 언제였던가. 사랑하는 연인이 각종 기념일을 챙기듯, 군대에 가기 전 아쉬움을 달래주려고 포항 호미곶으로 여행을 갔던 때가 2007년 초니까 참으로 오랜만의 여행이다. 나는 내 나름대로 먹고살기 바빴고, 아이 또한 군 생활을 마치고 공부며 취업 준비하느라 정신이 없어 시간을 내지 못한다. 집에 다녀갔으면 하고 바라지만, 이런저런 걱정으로 아이가 밤잠을 못 이룬다는 말을 하면 맘먹은 말을 도로 집어넣는다. 안부를 물으려다 공부에 방해되는 건 아닌가 하여 전화기를 내려놓은 적도 여러 번이다.

나한전 불단에 수북이 쌓인 과자와 사탕

나한전엔 쌀쌀한 날씨에도 불공을 드리는 사람들로 북새통이다. 수

험생에게 신통한 효험(?)이 있다고 알려져서 그런지 법당 밖에도 자식을 걱정하는 줄이 이어져 있다. 자리가 나지 않자 불자들은 발만 동동 구른다. 촛불이 타들어가듯 기도하는 사람들의 속도 타들어간다.

칠장사와 인연을 맺은 것은 아이가 수학능력시험을 치르던 2005년도였다. 그해 가을 불공을 드리려는 아내를 따라오고부터다. 부모 마음이 다 그렇듯 아내는 무릎이 좋지 않은데도 어렵게 108배를 꼭 채웠다. 그런 정성에 복을 주셨는지 큰애는 물론 작은애도 무난하게 시험을 치렀다. 그런데 나한전 불단에 너도나도 사탕 봉지를 올리는 게 의아했다. 그 이유는 박문수 어사의 과거 시험에 얽힌 설화에서 찾을 수 있었다.

박문수가 32세가 되도록 과거에 급제를 못하고 여러 차례 낙방했다. 그 꼴을 보다 못한 어머니가 1723년에 증광시(나라에 큰 경사가 있을 때 실시하던 임시 과거 시험)를 보러 가는 아들에게 조청으로 만든 유과를 손에 들려주면서 말한다.

"칠장사 나한전에서 기도를 드리면 한 가지 소원은 들어주니 꼭 들러 가야 한다." 박문수는 어머니의 당부대로 그곳에 묵으며 정성껏 기도를 올렸고 신통하게도그날 밤 꿈에 나한님이 나타나 과거에 나올 시제 여덟 줄 중 일곱 줄을 알려주어 무난히 장원급제했다.

삶에 지쳐 머리가 뒤숭숭할 때마다 찾는 그곳

혜소국사가 일곱 명의 악인을 교화하여 현인으로 만들었다 해서 이름 붙여진 칠장사. 고려 때 고승 혜소국사가 현종 5년(1014년) 때 절을 크게 증수했고, 조선 시대 인조 원년(1623)에는 인목대비가 아버지 김제남과 아들 영창대군의 불운한 죽음을 애도하며 복을 비는 절로 삼아 그 이후로 크게 번성했다고 한다. 태봉국을 세운 궁예가 이곳에서 열 살 때까지 활쏘기하며 자랐다 하고 의적 임꺽정의 이야기를 담은 영화 촬영지이기도 하다. 세도가들도 이곳이 명당임을 알고 장지葬地로 쓰기 위해 여러 번 절을 불태웠지만, 그런 시련과 역사의 비운을 뒤로하고 여태까지 명맥을 유지하며 건재한 걸 보면 대단한 절이 아닐 수 없다.

칠장사에 가면 굳이 절 안에까지 차를 몰고 갈 필요가 없다. 절 입구 주차장에 차를 세워놓고 천천히 걸으며 구경하라고 말해주고 싶다. 일주문과 연결된 오붓한 길에서부터 수백 년 묵은 은행나무가 줄지어 선 채 구경꾼들을 반갑게 맞아준다. 내가 처음 그곳을 찾았을 때에도 자박자박 소리를 내던 그 은행잎의 저음에 매료되어 자리를 뜨지 못했었다.

동자승이 까치발을 하고 바지랑대로 노랗게 익어가는 감을 따는 풍경이 그려지는 칠장사. 아이의 대학 입시 때문에 인연이 되었지만 육신이 고단하거나 삶에 지쳐 머리가 뒤숭숭할 때마다 그곳을 다녀간다. 어느 절이건 가면 오기 바쁘고, 가더라도 그저 내 가족 건강하고 돈 많이 벌어 앞날 승승장구하라고 기도하는 마음이 전부인데, 칠장사에 오면 마음이 고요해지고 편안해진다. 여느 절과 같이 탑, 불상, 범종, 법당 등 갖춘 것도 별다르지 않은데 괜스레 마음이 끌린다. 박문수의 '몽중등과시夢中登科詩' 설화로 인해 2년 전부터 전국 중고등학생을 대상으로 하는 백일장이 열리는데, 나 또한 글을 쓰는 작가이다 보니 반갑고 기쁜 마음에 정감이 일어 그런지는 모르겠다.

벌써 장정이 돼 나를 감쌀 줄 아는 아들에게

비 내리면 빗소리에 귀 기울이고 눈 내리면 양팔 벌려 눈송이를 노래하는 시인 몇 있었으면 좋겠다. 속내를 드러내면 맘 풀어주고, 어딘가 불편하다 말하면 단박에 달려와 손을 어루만져줄 친구 한둘이라도 있었으면 좋겠다.

다행히 오늘은 아들과 함께하고 있다. 그동안 나누지 못한 이야기도 서슴지 않고 풀어내며 천년고찰의 품에 안겨 있다. 지나고 보면 어린 시절 누구나 개구쟁이로 보내는데 아이에 대한 기대가 너무나 컸었나 보다. 그런 철부지 심정을 헤아리지 않고 다그치기만 했으니 미안한 마음이 앞선다. 그동안 이런 저런 일로 속을 썩이기도 했지만 지금은 벌써 장정이 돼 나를 감싸는 병풍 역할을 하니 대견하기만 하다.

아이가 얼굴에 검정 칠을 해가며 구두를 닦던 일이며, 학원을 마치고 돌아오는 길에 붕어빵을 사서는 식지 않게 하려고 점퍼 속에 넣고

단숨에 달려와 초인종을 눌렀을 때의 그 거친 숨결을 잊을 수 없다. 초등학교 3학년 때였던가. 미술 숙제를 하는데 누가 종가宗家 장손 아니랄까봐 제사 지내는 모습을 그리던 손길도 생생하다. 줄곧 시험을 잘 보다가 수능을 앞두고 본 마지막 평가에서 점수가 떨어지자 죽을 맛이었다고 했는데, 그 살 떨리는 불안감을 가족에게 말하지 못하고 어떻게 이겨냈을까.

이제 얼마 안 있어 아들은 사회인으로 우뚝 선다. 여리고 여린 품안의 자식이 아니라 산업 전선의 일원이 되고 가족을 거두는 지아비가 된다. 칠장사 주지 지강 스님이 들려주신 법문의 이치를 잊지 않았으면 좋겠다. 돈은 눈도 귀도 코도 입도 없는 무생물이니 집착하지 말라는 말씀을. 그것에 눈멀면 되레 눌려죽을 수도 있으니 나누고 베풀며 돈에 생명을 불어넣으며 살아가라고. 안과 밖은 다르지 않은 법, 사람을 대할 때도 태도를 고르게 하라고. 지나 보면 나쁜 사람 없으니 단점만 보지 말고 상대방의 좋은 점을 찾아내고 칭찬해야 주위에 사람들이 몰려든다고. 또한, 어느 한쪽으로만 생각을 몰고 가면 위험하니 중도의 길을 걸어가는 것도 한 방법이라고.

출출하던 터에 절에 모인 사람들과 점심 공양을 같이했다. 국화 향 나는 차도 마시고 아이의 얼굴에 어린 미소까지 덤으로 얻었다. 아이나 나나, 같이 오지 못한 가족이나 절에 모인 사람도, 대한민국은 물론 지구에 있는 모든 사람과 우주에 존재하는 생명체 모두 모두 날마다 좋은 날이었으면 좋겠다.

(월간 『불광』, 2010년 12월호, 취재 기행)

끈

날씨는 포근한데 황사가 껴 하늘이 뿌옇습니다. 마음도 날씨 따라 가나 봅니다. 기운이 빠져나가는 것 같고 마음이 착잡합니다. 그런 분위기에서 벗어나고 싶었습니다. 풋풋한 새순이 돋아나는 언덕을 바라보면 기분 전환이 될 것 같았습니다. 청남대를 돌아볼까 하다가 오후 2시가 넘었기에 보탑사를 보기로 마음먹었습니다.

문백을 지나 진천읍 연곡리에 있는 보탑사는 3층 목탑으로 통일을 염원하려고 세워졌다 전해집니다. 못을 전혀 사용하지 않고 지었는데 높이가 무려 42.7M나 됩니다. 내부 계단을 통해 3층까지 올라가면 연곡리 주변의 자연경관을 시원하게 둘러볼 수 있는데 올라가 볼 만합니다. 마음이 무거울 때나, 세파 속에서 흔들리는 오늘 같은 날이면 기분도 상큼해지며 울렁거림이 가라앉을 것 같습니다. 집에서도 그리 멀지도 않고 한적한 오솔길도 나오고 농촌 들녘을 볼 수 있어 가끔가다 찾습니다. 절 입구에는 무려 280여 년이 되는 느티나무가 심겨져 있어 모진 풍파를 이겨낸 기개와 절개를 느끼는 재미, 또한 좋습니다.

절 여기저기 심긴 야생화와 연도 볼 만합니다. 싹이 돋아나고 꽃을 피우면 생기가 돕니다. 꽃 피울 준비를 하느라 꿈틀대는 생명력에 가슴이 열립니다. 생명의 소중함과 가꾼 손길에 마음이 떠날 줄 모릅니다. 주변에는 스님들의 식량이 되기도 하는 벌개미취나 비추가 온통 뒤덮였는데 저절로 손이 가려 합니다. 깊은 산속에서 흘러내려 오는 샘물을 마시며 용서를 빕니다.

봄기운을 얻은 아기들이 종종걸음을 하고 부모들은 싱그러움을 사진으로 담아내기 바쁩니다. 4월 초파일을 앞두면 절 사방에 연등이 걸리고 소망을 염원하는 사람들로 가득합니다. 가족의 건강과 행운과 만사형통을 기원하고 사업이 잘되라고 소원합니다. 비우려고 온 사람들이 너도나도 욕심을 채웁니다.

부처님이 말씀하셨습니다. 우리네 마음에 있는 네 가지 번뇌의 업과 네 가지 악행과 또 여섯 가지 재산을 없애면 이 세상에서도 잘살고 후생에 가서도 좋은 과보를 얻을 수 있다고요. 네 가지 번뇌의 업이란 살생과 도둑질과 음행과 거짓말이며, 다른 네 가지 나쁜 행위는 탐욕과 성냄과 두려워함과 어리석음입니다. 재산을 없애는 여섯 가지에는 술에 취하고 도박하며 나쁜 벗과 어울리며 방탕하며 풍류에 빠지며 게으름에서 벗어나지 못하는 일이랍니다.

그런데 얼마나 가리며 절제하며 살고 있습니까? 뭘 구별하며 놓고 지냅니까? 술을 마시면 허물과 병과 분노와 질투가 치밀고 지혜가 없어집니다. 절제하지 못합니다. 방탕하면 아니되는데도 눈을 돌리려 합니다. 남을 속일 꾀를 내고 어두운 곳을 찾으며 으슥한 곳을 좋아합니다. 재물을 독차지하려 하고 남의 허물까지 들추려 합니다. 추울 때는 추워서, 더울 때는 덥다고, 시간 핑계를 대며 일에 게을러집니다.

연등이라도 달면 방탕했던 시간이 지워질 것 같았습니다. 희망을 얻고 싶었습니다. 우리네 마음이 거의 같은 가 봅니다. 소망의 줄이 무척이나 깁니다. 절의 경계에 있는 소나무까지 그 줄이 뻗어 있습니다. 천근만근인 욕심 덩어리를 풀어내려다보니 소나무 몸통에 천까지 대고 줄을 친친 동여 맸습니다.

그것 또한 욕심이었습니다. 길게 맨 줄로 말미암아 혹여 소나무에 상처가 날까 염려하는 마음을 몰랐습니다. 나무 또한 사랑의 보호막이 필요하다는 것을 뒤늦게야 알았습니다. 나무가 말을 못하지만 전해지는 고통이나 통증은 사람이 받아들이는 그 어떤 느낌과 별 다르지 않다는 것을 말입니다. 꽃도 바라보지 않고 외면하면 금방 집니다. 식물도 손길 주는 만큼 잎도 무성함이 다릅니다. 나무에서 숨결이 전해옵니다.

사랑이란 아주 큰 것을 원하지 않습니다. 작은 것이라도 상대방이 만족하는 것이면 됩니다. 티끌에 걸리면 넘어질까 하는 그런 마음만 있으면 됩니다. 사랑은 주는 것만큼 오는 것도 아니고 받았다고 돌려주는 것도 아닙니다. 드러내놓고 하는 사랑은 사랑이 아닙니다. 누구에게 보여주려 하는 사랑은 기만입니다. 아무런 대가 없이 그 맘 가까이 하는 사랑, 소나무에 둘러쳐진 천을 보고 알았습니다.

우리가 서로 사랑할 날도 그리 많이 남아 있지 않습니다. 시간이 아직 많이 남아 있다고 생각이 되지만 허송세월을 보내면 금방 가버리는 게 세월입니다. 어린 시절을 다시 되돌아보지도 못하고 생을 마감할지도 모릅니다. 물 흐르듯 가는 게 인생. 브레이크 페달이 있어도 아무 작용도 않는 쇠붙이 같은 인생. 빛처럼 잠깐 스쳐 지나가는 게 우리네 인생입니다.

끈을 준비해야 합니다. 그 줄은 동아줄이나 고래심줄만큼 질기지 않아도 됩니다. 그저 나도 모르게 욕심을 채우려 하거나, 길을 가다 어긋나거나 잘못된 길로 빠져 들면 지체 없이 당겨주는 절제의 줄을. 흐르는 세월을 붙잡아 둘 수 없지만 마음이 허할 때마다 소나무 몸통을 천으로 감싸듯 사람들의 마음을 연결하는 아량의 줄을. 옷깃을 스치면 삼백 생의 인연이요, 같이 앉아 대화를 나누면 오백 생의 인연이며, 한솥밥을 먹으면 칠백 생의 인연이라 도연스님은 말씀하셨는데, 지금 내 옆에 있는 가장 소중한 사람들에게 먼저 다가가고 베풀 줄 아는 섬김의 줄을.

기차는 우리네 인생을 싣고 달린다

기차는 우리네 인생을 싣고 달린다. 희로애락을 함께하며 인생을 노래하게 한다. 삶이 고단하거나 견디기 어려운 일이 있을 때에도, 마음이 허하거나 쓸쓸할 때에도 기차에 오르면 위안이 된다. 또 다른 나와 마주하게 한다.

손을 더듬거리니 머리맡에서 시계가 만져졌다. 새벽 1시. 조금 더 잠을 자둬야겠다는 생각에 다시 자리에 누웠다. 하지만 잠이 오지 않았다. 자동차 소리와 취객의 객기도 멈췄지만 새는 날 같았다. 평소에는 무심하게 흘려보냈던 기적 소리마저 또렷이 들렸다. 이런 저런 생각에 한동안 잠을 이루지 못했다. 그러다가 나도 모르게 잠이 들었나 보다. 얼마나 잤을까. 머리가 개운하지 않았다. 그런데도 밖에서는 요란한 소리가 났다. 주인집 사람들이 마당을 쓸고 펌프질하며 아침을 여는 소리였다. 그런 풍경에 젖어 있는 것도 잠시 정신을 차리고 시계를 보니 시곗바늘은 여전히 새벽 2시가 조금 넘은 자리에 멈춰서 있는 게 아닌가.

제천역에서 06시 10분에 청량리로 가는 통일호 기차를 타기로 했었다. 역 가까이에 살고 있지만 아무리 기를 써도 그 시간 안에 닿을 수 없는 거리다. 기차표를 사 열차에 오르는 시간까지 감안해야 한다. 왜 하필 시험을 치르는 날 시계가 멈췄을까? 운명의 장난인가. 공무원의 길이 내가 택할 직업이 아니라고 신이 미리 계시하는 건가. 허탈했다. 집에 가만히 있으면 내가 나를 어찌할 것만 같았다. 세수를 하는 둥 마는 둥 옷을 걸치고 그길로 집에서 나왔다.

청량리로 가는 열차가 떠나버린 제천역은 적막하기만 했다. 역 대합실에 들어서는 순간 사람들 얼굴엔 웃음꽃이 피는데 나만 구석에 있는 느낌이다. 속이 답답해 한곳에 있지 못하고 여기저기 돌아다녔다. 그래도 마음이 진정되지 않았다. 순간, 무작정 어디든지 떠나고 싶었다. 열차 시각표가 걸린 창구로 발걸음을 옮겼다. 그곳이 서울이건 강원도건 경상도건 아무 곳이면 어떤가. 역무원은 마침 태백선 열차가 역으로 들어오고 있다고 했다.

플랫폼으로 다가가는 사람들의 발걸음은 가벼워 보인다. 그동안 가슴속에 묻어뒀던 이야기보따리를 풀어 놓고 소록소록 되살아나는 추억을 건드리느라 소란스럽다. 그런데 내 눈에 들어오는 풍경은 무채색이다. 나무와 풀도 온통 먹빛이다. 리듬을 타고 선로 위를 지나는 바퀴의 덜컹거림마저 부담스럽다. 목적지와 다르게 여행하는 사람이 나 말고 또 있을까? 굶주림에 밥을 꾸역꾸역 뱃속으로 밀어 넣는 사람처럼 저절로 눈물이 난다.

기차에 오르면 누구나 낭만 시인이 된다. 차창에 스치는 풍경에 마음 열고 감상에 젖으며 시 한 편이라도 쓴다. 그렇지만 내 머리는 아무 생각도 나지 않는 듯 하얬다. 수려한 산하山河가 눈에 들어와도 마음의 도화지에 수를 놓지 못한다. 남들은 기차 안에서 소박하게 추억거리를 만드는데 나는 그들과 달리 두렵고 불안해서 몸을 피한 것이다. 나 홀로 붓을 꺾은 채 숯덩이가 된 가슴을 끌어안으며 절망하고 있다.

기차가 영월을 지나고 여러 개의 터널을 거쳐 증산역에 이를 즈음 안내방송이 흘러나온다. '다음에 내리실 역은 사북역'. 순간, 어쩜 그곳에 내리면 위로받지 않을까 하는 생각에 몸이 스프링처럼 튀어 오른다. 마치 이곳에서 용무가 있는 사람처럼. 장미와 안개꽃을 가지런히 엮어 들고 대합실로 마중 나온 연인을 향해 뛰어가는 사람처럼.

역을 빠져나오는데 어느 소설책에서 보았음직한 장면이 떠오른다. 그 이미지가 언뜻 생각나지 않았지만 사북은 나를 끌어당기는 매력이 있는 도시다. 시꺼먼 도로, 슬레이트 지붕과 판자촌, 전등이 달린 헬멧, 광부들의 허름한 옷과 장화. 거리도 낯설고 마을도 낯설다. 석탄 가루가 날리는 도로, 뒤숭숭한 골목, 오랫동안 치우지 않아 곳곳에 쓰레기가 넘쳐나는 계단, 내 마음을 대변하고도 남는다. 지붕도 검고 건

물 벽도 검고 세월의 흔적도 검다. 도시와 사람과 탄가루가 범벅이 된다. 갑자기 허기가 몰려온다.

목구멍이 포도청이라고 사람이 들어찬 식당 문을 무조건 밀치고 들어갔다. 그런데 그곳 분위기가 낯설지 않다. 처음인데도 자주 들르는 단골집처럼 온기가 돈다. 오랜만에 만난 친구처럼 사람들이 따스하게 느껴진다. 그들의 얼굴은 그 옛날 '나는 산업전사 광부였다.' 라고 투쟁하던 모습이 아니다. 그들의 이야기가 다정다감하다. 석탄가루가 온몸에 범벅되고 하얀 이빨을 드러낸 채 세상과 타협하던 목소리가 아니다. 불안에 떠는 나와 달리 그들의 표정과 몸짓은 사슴을 닮았다. 사는 거 별것 아니라는 듯 마누라가 어떻고 그놈의 상사 제발 그만 두지 않느냐며 오후의 시간을 나누어 갖는다.

석탄가루 날리는 칠흑 같은 막장에서 일하는 사람들이다. 그들은 종일 갱도에서 길을 내고 탄을 퍼 나른다. 그러면서도 목에 낀 탄가루를 씻어내는데 좋다는 삼겹살을 원 없이 먹지도 못할 것이다. 그들과 달리 이내 몸은 얼마나 뽀얗고 하얀가. 기껏 한 번 시험을 놓쳤다고 멀쩡한 날 사내대장부가 시름에 잠겨 헤매면 되겠는가. 어찌되건 나는 여기까지 와 신세타령하며 술 한잔이라도 기울이고 있지 않은가. 문을 밀치고 거리로 나왔다. 속이 얼근해지고 얼굴도 불콰했지만 가슴속에서는 뭔가 모르는 뜨거운 기운이 올라오고 있었다.

기차는 우리네 삶을 싣고 달린다. 희로애락을 함께하며 인생을 노래하게 한다. 기차에 올라 내 마음의 가속 페달을 밟는다. 혼탁해진 가슴에 한줄기 소나기가 지나간다. 기차는 시험을 뒤로하고 터널을 빠져나간다.

J

낯선 땅을 밟아 가슴이 콩닥거리는데 사무실 분위기는 사뭇 엄숙했다. 새장에 갇힌 새처럼 답답함이 먼저 와 닿았다. 마음대로 생각하고 자유롭게 뛰놀던 대학 캠퍼스가 머릿속을 흔든다. 보수도 생각했던 것보다 적어 첫 월급 받아 하숙비 주고 나니까 길에 나앉을 지경이다.

신혼살림을 제천에서 시작했다. 타향에서의 시간도 견디기 힘든데 아버지는 집에 새사람이 들어오면 '서로 알아가는 과정' 이 필요하다며 바로 살림을 내주지 않았다. 한 달여가 지나고 나서야 살림집을 얻어 나올 수 있었다. 장롱조차 들여놓을 수 없는 단칸방이었다. 화장실을 주인과 공용으로 써야 하는 불편을 감수해야 했다. 연탄 내가 풀풀 올라오는 부엌과 턱이 높은 문지방도 넘어야 할 산이었다. 방 옆에 문어놓은 마늘종 항아리에서 나는 지독한 군내 때문에 입덧이 심했던 아내는 하지 않았어야 할 고생까지 해야만 했다.

제천 사람들은 산세를 닮아 말투가 거칠고 투박했지만 마음은 넉넉했다. 영천동 셋방 주인은 물을 그냥 쓰게 하고 전기료도 받지 않았다. 제천역 근처 시장 골목에 있던 국밥집엘 자주 갔었는데 주인 여자는 뚝배기가 넘치도록 순댓국밥을 담아내왔다. 자취생활을 하며 여툰 돈으로 장가 밑천에 쓰려고 새끼돼지 두 마리를 어머니에게 사드리기도 했었는데, 그때를 생각하면 지금도 웃음이 절로 나온다.

손목시계에 약이 떨어진 줄도 모르고 그 시간을 믿고 자다가 서울로 가는 첫 기차를 놓쳐 공채 시험을 보지 못했던 곳도 제천이다. 그날 밤 우연히 벌어진 일이었지만, 그게 잘된 일인지, 잘못된 일인지, 지금도 내게는 여전히 수수께끼다. 인생 저 너머에 알지 못하는 슬픔이 있다는 것을 안 것도 그때였다. 기차는 20여 년 전, 그 아득한 시간을 좇아 추억 여행을 떠난다.

예식장에서 만난 사람들에게서 꽃 냄새가 난다. 오랜만에 만나 이름이 가물가물하고 얼굴을 알아보지 못해도 모두 반갑게 맞아준다. 나 또한 안부를 묻고 소식을 전하느라 정신이 없다. 만남, 그 누군가 나를 알아주는 일이다. 정겨움에 먼 길을 달려오느라 쌓인 피로가 얼음 녹듯 녹는다. J도 나를 알아보고는 손짓해온다. 오랜만에 만난 반가움에 잡은 손을 놓지 못한다.

결혼식이 끝나자, J는 기다렸다는 듯이 내 손을 잡아끈다. 오기도 힘든데 이왕 왔으니 의림지나 구경하고 가란다. 기차 시간이 넉넉하지 않다고 해도 잠깐이면 된다며 차를 세워 놓은 곳으로 나를 끌고 간다.

그는 차분한 성격이 강점이다. 평소엔 말이 별로 없지만 어쩌다 술 한잔 걸치는 날엔 걸쭉하게 노래를 부르고 흥을 돋운다. 운동을 좋아하고 애환을 나눌 줄도 안다. 걷잡을 수 없는 것이 세월인가. 운전석에 앉아 있는 그의 얼굴에도 알지 못할 잔주름이 드리워져 있다. 머리카락도 희끗희끗, 삶의 그늘이 곳곳에서 보인다.

J가 모는 차가 가슴 한쪽에 묻어두었던 시간을 더듬으며 시내로 접어든다. 신혼 시절 설렘을 안고 걸었던 거리가 낯설게 다가왔지만 아스라한 기억은 봄기운을 받은 새싹처럼 포시럽게 올라온다. 이미 고인이 되어버린 L형과 흥건하게 취해 걷던 빌딩 숲도 저만치에서 반긴다. 그는 같은 대학을 나왔다는 이유만으로 내게 많은 도움을 줬었다. 직장 초년병이 겪게 될 서러움과 고단한 사회의 단면도 미리 일러주고 생경한 업무도 이해하기 쉽게 알려줬던 형 같은 동료였다. 비가 오는 날이면 막걸리에 고단한 하루를 타 마시며 세상을 노래했었다. 낭만이 그들먹했던 선술집에서 김치를 숭덩숭덩 썰어 넣어 끓여낸 술국이 여태 생각나는데, 형은…….

가슴이 답답하면 보듬어주고 힘들어할 때마다 사근사근 마음을 내려놓아 주던 P님. 배구 시합을 하면 세입이니 아웃이니 배 부딪치다가도 소주 한 잔 부어 드리면 그악했던 내 행동에 아랑곳하지 않고 씩 웃고 돌아서면 그만이었던 K님. 서러운 몸뚱이를 내려놓던 다방이며 선술집에서 긴 호흡으로 다가오던 사람들……. 이런저런 생각에 젖어 있는데 J가 모는 차는 어느새 의림지로 접어든다.

소나무 향이 번지는 고갯길을 오른다. 포장마차가 손을 내밀고 간이주점도 푸근하게 품으로 안겨온다. 연인들은 내남없이 따사로운 봄볕을 즐기며 사랑의 노래를 부른다. 엄마 손을 잡은 아이는 뭐가 그리 좋은지 갓 잡아 올린 생선처럼 팔딱팔딱 뛴다. 머리숱이 얼마 남지 않은 나이 지긋한 사람들도 눈에 띄는데, 나처럼 어느 예식장에 들렀다가 시간이 남아 들렀는가 보다.

차나 한 잔 마시자 해도 J는 동동주 한 됫박에 해물빈대떡을 주문한다. 코끝을 간질이는 향을 어쩌지 못해 친구가 따라주는 동동주 한 대접을 순식간에 비운다. 보기와는 달리 푸짐하게 빈대떡에 해물을 얹어 내오는 주인장의 모습도 살갑다. 입구 쪽에 붙어 앉아 동동주를 나누는 아낙들의 홍조 띤 얼굴에서도 꽃 냄새가 난다.

술 한 잔 들어가자 바람에 흔들리는 솔가지처럼 내 몸도 흔들린다. 솔가지에 숨어 있는 오래된 이야기를 끄집어낼 때마다 속이 얼근해진다. 미리 끊어놓은 기차표가 녹슨다 해도 어쩔 수 없는 노릇이다. 행복은 추억을 먹고 산다.

떠나는 게 아쉽지만 내게 주어진 시간을 다 쓸 수는 없다. 기차가

정해진 시간이면 목적지로 떠나듯 J 또한 기다리는 사람에게 돌아가야 한다. 기차는 의림지의 추억을 뒤로하고 간신히 터널을 빠져나온다.

(『중부매일신문』, 2009. 08. 14, 에세이 뜨락)

4.

백두산 천지

백두산 정상에 태극기를 꽂을 수 없다. 꽂을 수 없다. 보이는데 달려갈 수 없고 서로 부둥켜안으며 손을 잡을 수도 없다.

호랑이 등에 날개를 달자

점이 모여 선이 되고 선이 이어져 공간을 만든다. 공간은 비록 선의 연장이지만 그 속엔 꿈이 고여 있다. 삶이 들어 있다. 사람이나 국가나 그 주어진 공간에서 숨 쉰다. 각자 네모난 집을 꿈꾸거나 삼각형의 공간에 영혼을 불어넣으며 자신만의 빛깔을 입힌다.

우리나라의 지형을 보면 꼬리는 호랑이인데 몸체는 토끼 모양이다. 작은 몸집의 나라가 대륙의 땅에 매달려 있는 형국이다. 그러다보니 누군가가 다가와 손을 툭 치지 않을까, 꼬리를 쥐고 흔들지 않을까, 늘 불안에 떤다. 우리 백성은 순백의 영혼을 가진 영토에서 논밭 일구며 자연 절경을 노래할 새 없이 외세의 침입을 경계하고 변방을 지켜내기 위해 안간힘을 써왔다. 화가 나고 멍이 들어도 속울음 울면서 상처와 얼룩을 치유해 왔다.

호랑이는 자기의 영역을 벗어나지 않는다고 한다. 숲 속의 제왕이면서도 자신에게 해를 끼치지 않으면 덤벼들지 않는단다. 그러나 어쩌랴. 상고 시대부터 우리 백성은 먹을 게 없고 땔감이 부족해 깊은 산속으로 들어가야만 했다. 배에서 쪼르륵거리는 소리 들리고 등에선 식은땀이 흘러도 남 눈치 보기에 바빴다.

우리는 너나 할 것 없이 자장면을 즐겨 먹는다. 갖은 채소와 양념을 넣고 볶아낸 춘장의 맛은 고소함을 넘어 유혹이다. 그런데 공교롭게 중국에 가더라도 자장면을 맛보기 어렵다. 칼국수나 수제비를 밀어내고 일본 우동이 판치듯, 자장면 또한 '짜장면' 이니 '자장면' 하는 사이에 우리들의 입맛에 길들여지고 말았다. 세 살을 갓 넘은 애조차 자장면이라 하지 않고 '짜장면' 이라 그런다. 자장면보다 '짜장면' 에 익숙해 있다. 자장면이라고 하면 어딘지 모르게 싱거워 보이고, 조리과정에서 중요한 맛 하나가 빠진 것 같다.

민족의 역사를 보면 침략의 역사요, 잔혹한 무저항의 역사다. 약소국의 비애와 한恨을 안고 산다. 짧게는 '권력의 칼' 을 휘두르는 정치꾼에서, 저 멀리 한반도가 태동한 아득한 옛날까지 거쳐 온 숨결이 암울하다. 중국이 동북공

정을 노래하며 백두산을 점차 먹어가도, 일본이 백두대간 곳곳에 쇠말뚝을 박으며 독도를 넘보는데도 그 광경을 지켜보고만 있다.

장수왕과 광개토태왕 때의 대륙 확장과 통일신라를 빼면 내세울 만한 역사가 별로 없다. 조선왕조 500년은 중국에 대한 끊이지 않는 조공과 읍소, 당쟁, 굴신, 굴욕으로 관철되었다. 일제 치욕 아래 36년은 너무나 낯 뜨거워 말 못할 정도다. 해방된 기쁨도 잠시 형제간에 총부리를 겨누고 열강들의 힘의 논리에 의해 한반도는 두 동강 나고 말았다. 38선의 비극으로 힘들어하고 있다. 이웃나라들의 깔봄과 영토의 넘봄으로 가슴 졸인다. 그 모든 역사의 전철은 힘없는 나라의 교과서라 할 만큼 너무나 치욕적이다.

위대한 업적을 세운 광개토태왕마저 우리 스스로 비하하고 있다. 태왕이 대왕보다 높은 황제의 칭호요, '광개토태왕릉비문' 에도 태왕이라 칭하는데 불행하게도 광개토태왕을 '광개토대왕' 으로 잘못 쓰고 있다.

민족의 역사가 침울했던 것은 한반도가 위치한 지형적인 환경에도 영향이 있다고 본다. 지도를 봐도 알 수 있듯이 땅덩어리가 좁은데다 크나큰 대륙의 영향권에 놓여 있다. 차라리 대륙과 떨어져 있고, 오대양 저 멀리 바다에 두둥실 떠 있었다면 그리도 침략을 당했겠는가. 섬나라로 남아 어둠의 등불을 밝히고 문명을 개척해 나가더라도 역사가 지금만 못했을까?

예비군 훈련을 받았을 때 들은 일화가 생각난다. 중국은 땅덩어리가 넓고 사람도 많아 그들이 한꺼번에 한반도를 향해 같은 시간에 오줌을 누면 대홍수가 일어날 것이라고 했다. 그 사람들이 동시에 높은 곳에서 뛰어내리면 한반도에 지진이 일어날지 모른다고 너스레를 떨었다. 우스꽝스러운 얘기지만 그냥 웃어넘길 일이 아니다. 살 떨리는, 가슴을 도려내는 소리다.

우리는 터키를 형제의 나라라고 부른다. 6 · 25전쟁 때 15,000여 명의 병력을 파견하여 같이 피를 나눴던 우방이다. 가까이는 2002 한 · 일 월드컵 때 승패에 관계없이 양국의 깃발을 붙여 흔들고, 어깨를 감싸며 눈물을 흘렸었다. 그런데 숨은 역사 뒤에 돌궐족이 있다는 것을 아는 사람은 그리 많지 않다. 형제의 국가인 터키는 돌궐족의 후예로 밝혀졌다. 돌궐족은 6세기경부터 중국 북쪽의 몽골과 중앙아시아 일대에 살던 유목민족이다. 한자漢字로는 돌궐突厥이다. 역사 기록을 보면 돌궐족은 고구려와 이웃해 있었고, 고구려와 연합하여 당을 공격했다고 나와 있다. 그러다 당의 침략에 의해 고구려가 멸망의 길에 들어서면서 돌궐도 근간이 흔들려 둘로 갈라졌다. 그 하나가 서부지역으로 밀려나 지금의 터키 땅에 정착하여 오스만 투르크가 된 것이다. 고구려 때부터 서로 도움을 주고받던 '형제의 역사'를 가진 터키. 그들은 지난날의 우리나라 역사를 무척 잘 알고 있다. 지금 이 시간에도 그들은 우리 것에 대해 관심을 두고, 우리에 대해 알려고 노력한다.

자장면이라면 어떻고 '짜장면'이면 어떤가. 굳이 어렌지라 하지 않고 '오렌지'라 말하면 이상한가. 때론 'NO'라고 당당히 말하자. 우리 민족은 아름다운 금수강산을 5천 년간 지켜오면서 한 번도 자신감을 잃은 적이 없다. 이런저런 사소한 논쟁에 휘말리지 말고 미래로 눈 돌리자.

중국에 용, 인도에 코끼리가 있다면, 우리에겐 동물의 제왕인 호랑이가 있다. 어제보다는 오늘을 생각하고 내일을 위해 오늘을 살자. 우리에겐 저력이 있다. 호랑이 등에 날개를 달자.

(『중부매일신문』, 2010. 01. 04, 에세이 뜨락 신년특집)

백두산 천지

맑고 쾌청한 날에도 백두산 천지天池는 안개천지 구름천지라 못 본 사람 천지라는데.

심양까지 비행기로 날아 와 환인과 통화를 거치고 고구려인이 말 달리던 집안과 연길을 지나면서도 천지로 달려가는 즐거움에 피곤하다는 말이 나오지 않았다. 그저 '하늘이시여 백두산 천지를 볼 수 있도록 궂은 날씨는 얼씬도 하지 말게 하소서.' 마음속으로 깃발을 올리며 기도하였다. 얼마나 보고 싶으면 사람들은 천지 사진을 벽에 걸고 컴퓨터 바탕화면에까지 깔아놓는가. 애간장 끓게 하고 보고 싶어 조바심 나게 하는 천지天池.

우리나라 땅덩어리는 8시간이 넘도록 기차를 타고 달릴 곳이 없는데 천지를 보려면 지금까지 거쳐 온 것 말고도 연길역에서 저녁 9시 45분에 열차를 타고 새벽 5시 40분까지 이도백하역까지 밤새도록 달려가라 한다. 4인열차 침대칸도 감지덕지, 내일의 행운을 잡으려면 어서 잠자리에 들어 피곤한 몸을 풀어야 하는데, 열차표를 적게 예매하는 바람에 일행 중 여인네 둘과 남정네 둘이 침대칸을 같이 쓰라 한다. 이러지도 저러지도 못해 뒤척이느니 술이라도 마시자며 밤잠 못 자고 억지로 비운 술병 천지. 열차 관리인들이 쓰는 세수간에서 고양이세수로 눈곱을 떼고 열차에서 내리니 어디에서들 그렇게 몰려왔는지 천지를 보러 온 한국 사람들 천지.

속이 쓰리고 허기까지 몰려와 열차에서 내리자마자 곧장 조선족이 운영하는 고구려식당으로 들어가 식탁에 앉았다. 김치와 깍두기는 기본이요, 콩나물을 무쳐놓고 산나물과 버섯도 볶아 놓았다. 매일마다 음식에서 나는 그들만이 즐기는 향 때문에 곤혹스러웠는데 한 점 한 점 젓가락으로 입질을 해보니 내 입맛을 어찌 아는가. 무장아찌와 짠지며 계란으로 찜을 하고 갓 만들어낸 두부를 간장과 곁들여 내놓으니 우리네 식탁과 다를 게 없다. 거기다 감자와 김치를 같이 넣고 끓인 국에 옥수수를 넣은 밥까지 먹고 후식

으로 토마토와 숭늉까지 마시고 나니, 이게 어디 이국땅인가. 이래저래 식탁은 맛있고 입에 맞는 음식 천지.

백두산 천지로 향하는데, 그곳에 내리면 한 포기의 꽃과 식물을 꺾지 말란다. 돌멩이 하나라도 들고 나와도 안 되며, 천지 곳곳에 돌 부스러기가 쌓여 있어 가장자리를 밟으면 주르륵 미끄러져 몸도 천지가 될지 모른단다. 거기다 한 수 더 떠 백두산이 우리네 것이지만 중국에서 천지를 4/10 정도를 관할하고 있기에 중국 공안이나 감시원들이 항상 따라붙으니 그들의 정서와 사상을 거슬리게 하는 말도 삼가란다. 하여간에 모든 것을 조심하라는 여행 안내자의 잔소리 천지.

백두산 천지 굽이굽이 오르는 길엔 시멘트로 포장을 하고 눈이 오면 미끄러지지 않도록 군데군데 오톨도톨한 보도블록을 깔아놓았다. 그 길을 거무칙칙한 정복을 차려입은 중국 운전사들이 커브 길을 무시하며 굉음이 나도록 지프를 몬다. 타이어 타는 냄새가 풀풀 나도록 핸들을 잡아 돌리며 여행객들을 짐짝 취급한다. 공중화장실이 있는데도 온천으로 유도하려고 화장실 문에다 X자로 나무를 대못질해 이용하지도 못하게 하질 않나, 천지 정상을 오르는 입구에도 '돈을 왕창 벌자!' 같은 구호의 글귀를 새겨 놓고 한 푼이라도 더 벌겠다고 아우성이다. 이래저래 "흰 고양이이건 검은 고양이건 간에 쥐만 잘 잡으면 좋은 고양이다."의 등소평의 흑묘백묘론黑猫白猫論을 외치며 무슨 수라도 돈을 벌려는 중국 사람들 천지.

천지에 올라가기 전에는 날씨가 맑다고 해도 시간대에 따라 기상 변화가 심하다보니 처음 올라 단번에 천지의 전경을 볼 수 있는 것은 운이 매우 좋은 거란다. 백두산 안내원도 맑은 천지 모습을 열 번을 올라야 고작 한두 번 볼 정도란다. 화창한 천지의 모습을 보려면 3대가 덕을 쌓아야 한다고 그러는데 누가 나에게 복을 내려 줬나. 한반도에서 가장 높으며 민족의 영산으로 불리는 백두산. 애국가 가사에도 있듯이 누구나 한 번쯤은 가보고 싶어 하는 백두산엔 기분이 좋아 입이 벌어진 사람들 웃음꽃 천지.

길을 따라 올라가면 온천이 나타나고 험준한 봉우리가 병풍을 친다. 천지로 오르는 양 길가엔 다른 나무들은 어디로 가고 자작나무 천지. 거기에다 갖가지 취와 원추리와 고비가 널려 있다. 발을 높일수록 만병초인 구절초와 수천만 빨간 좀참꽃이 수를 놓아 장관이다. 백두산 천지는 6월부터 9월까지 서너 달 빼고는 겨울이라 하는데 백두산은 꽃을 품었다. 여행 온 지금 6월은 꽃 천지 별 천지.

천지에 오르기 전 높은 봉우리가 벌거벗은 것처럼 보였는데 그게 다 눈이었다. 남한은 한여름이라 땡볕이 내리쬐는데 천지엔 녹지 않은 눈 천지. 눈앞에 펼쳐진 장관을 하나라도 더 담으려고 사진을 찍느라 카메라 셔터가 연방 터지고 다들 사진에 담기려 아우성, 이래저래 천지엔 볼 것 천지, 신기한 것 천지.

정상에 있어도 왜 이리 가슴이 시려 오는가. 가까이 있어도 가까이하기엔 너무나 멀게만 느껴지는 북녘 땅! 한 발짝이라도 더 가까이에서 보고 싶어 전날 압록강에서 통통배를 타고 북녘의 산하를 돌아보았지만 간절한 마음 천지. 손바닥으로 전해오던 압록강 물줄기의 시림이나 감촉은 예나 지금이나 한결같았을 텐데, 초소를 지키던 낯모르던 병사들의 모습에서 지워지지 않는 안타까움과 안쓰러움 천지.

백두산 정상에 태극기를 꽂을 수 없다. 꽂을 수 없다. 보이는데 달려갈 수 없고 서로 부둥켜안으며 손을 잡을 수도 없다. 같이 여행 온 일행들과 막걸리라도 부어놓고 하루빨리 통일을 이루도록 소원을 빌고 싶은데 현실이 그렇지 않아 가슴이 찢어진다. 북녘 땅을 바라보면서 '동포들아! 내가 왔어. 내가 왔다고.' 소리치고 싶은데 주변엔 내 마음을 모르는 사람들이 더 많다. 고구려 후손들은 먹는 음식이나 풍습을 계승하며 지내고 있는데 말발굽 소리 드높였던 만주벌판은 아주 먼 곳에 있다. 백두산 천지엔 조국의 암담한 현실을 우려하고 놓인 처지가 불쌍해 눈시울 젖는 대한민국 사람들 천지. 만만세 부르는 그날이 어서 왔으면 하는 사람들 천지.

천지天地, 천지天池에 우리 것 천지, 백두산 만만세. 어서 그날이.

(『수필과비평』, 2007. 7~8월호)

궁宮

봄볕을 머금은 진달래와 매화가 고혹적인 자태를 뽐낸다. 아름드리 소나무가 궁궐의 품격을 더하고 천 년을 산다는 주목이 위풍당당하게 자리를 지킨다. 명전전이나 경춘전 같은 전각도 소실과 재건을 반복하였지만 흔들림 없이 명성을 이어간다.

창경궁 뜰을 걷는다. 시야에 들어오는 풍경이 새로워도 마음이 편하지 않다. 역사 속에 가려진 사람들이 자꾸만 눈에 밟힌다. 자신을 꽃피우지 못하고 죽어간 궁녀. 그네들은 임금을 받들고 왕족을 뒷바라지하느라 타인처럼 살아야 했다. 그네들은 입이 있어도 말 못하고 귀가 있어도 못 들은 척하며 평생을 숨죽이며 지내야 했다. 내전 터 일원을 걸을 때마다 운영과 김 진사의 애잔한 숨소리가 봄바람을 타고 오는 것 같아 발걸음이 떨어지지 않는다.

왕족을 뒷바라지하는 일이 전부라 할 정도로 권력 앞에서 철저히 외면당했던 궁녀들처럼 자식들도 부모의 슬하에서 벗어나기가 쉽지 않다. 더러 자식들이 가장의 지시와 명령이 못마땅해 부모의 울타리를 벗어나기도 하지만, 대개 그 권력 앞에서 무릎 꿇는다. 조금 과장된 면도 없지 않지만 자식들 많은 수가 부모가 원하는 학교에 가고 부모의 마음에 드는 짝을 찾아 시집장가를 간다. 자식이 다른 재능이 있더라도 부모의 의중대로 가업을 물려받는 일도 있다. 개중에는 가장이 이루지 못한 꿈을 강요받기도 한다.

내가 고등학교에 들어가 2학년으로 올라가면서 반을 나눌 때 아버지는 나에게 문과를 택하기를 원했다. 나는 아버지의 뜻을 따라야 했다. 대학도 아버지의 의도대로 지원했고 아버지가 원하는 과에 들어갔다. 당시 나는 집안의 대장인 아버지의 권위를 무너트릴 수 있을 만큼 힘이 없었다. 그저 아버지가 시키는 대로 먹고 자고 공부했다.

대학을 졸업하고 취업을 하고 나니까 인생의 반려자를 찾아야 했다. 마음에 드는 처자를 만나기도 어렵지만 인연보다도 중요한 관건은 아버지의 의중이었다. 지금이야 서양 문물이 밀려들고 문화가 개방되어 폐쇄적이지 않지만 1980년대 당시만 해도 어른들의 말씀은 법이나 다름없었다. 서로 얼굴을 보지 않고 시집장가 들지 않았지만 어른들 간의 다짐과 약속에 자식들이 끼어들기란 쉽지 않았다. 이것저것 다 알아보고 결정한 일이니 그리 싫지 않으면 장가들라는 아버지의 청을 거절할 수 없었다. 얼른 결혼식 올리고 떡두꺼비 같은 자식을 안겨주었으면 하는 어머니의 그윽한 눈빛을 외면하면 두고두고 후회할 것만 같았다.

내가 처한 시대적 환경에 괴로워하고 가장의 권위에 굴복해 왔으면서도 왕족의 피가 그리운가. 자식을 통해 신분 상승을 꿈꾸는가. 아버지가 내게 그랬듯이, 나 또한 큰애에게 똑같은 방식으로 선택을 강요하고 있다. 달콤한 과일을 입에 대면 그것을 다 먹어치울 때까지 자리를 떠나지 못하듯이 가장의 권위에 맛 들여져 있는 나 자신을 본다.

아이가 중학교를 졸업하고 나서다. 그때 큰애가 인문계와 과학 고등학교 진학을 앞두고 고민할 때 나는 아이의 의중을 헤아리지 않았다. 적성 검사 결과 이과理科에 적합하다고 하는데도 인문계고등학교에 입학시켰다. 그것도 내가 졸업한 모교에 말이다.

그나저나 아이가 대학을 졸업할 때가 가까워져 오니 그놈의 고질병이 또 도지려 한다. 기업체에 입사하면 보수가 넉넉하여 경제적으로 금방 일어서지만 이른 나이에 퇴직을 강요당할 수도 있어 공기업 취직이나 공무원의 길이 어떠냐고 아이를 압박하고 있다. 그런데도 아이의 반응은 시큰둥하다. 내 말을 수긍하는 것 같기도 하고 아닌 것 같기도 해서.

궁궐도를 본다. 아스라이 멀어져간 시간과 만난다. 지금은 헐려서 흔적조차 없지만 궁녀들의 처소는 동쪽에 자리하고 있었던 것으로 나와 있다. 왕이 신하들과 정사를 논하고 휴식을 취하던 전각과 망루, 그리고 왕비나 대비의 침실과도 적당한 거리를 두고 있다. 그것은 어쩌면 궁녀들의 고단한 하루를 풀어주려는 왕실의 작은 배려가 아니었을까 하고 생각해 본다. 그때나 지금이나 상전을 모시고 시중드는 일은 고되고 피곤하다. 만날 끌려가는 수동적인 삶을 살던 그네들이 아니던가. 그네들도 때론 궐 밖에서 마음에 둔 짝과 나무와 꽃을 보며 버들피리 불고 싶은 마음 간절했을 것이다.

창경궁을 한 바퀴 돌고 나오는데 꽃이 말을 걸어온다. 이렇게 실하게 꽃을 피우고 있지만 지난날의 아픔을 아느냐며. 여린 모였을 때 솎아내기 당했던 이별의 순간도 있었다고.

자식들은 이미 어머니의 자궁을 벗어나 새로운 터에 궁을 짓고 세상과 만나고 있다. 올바른 부모는 언 땅을 억지로 녹이려 하지 않고 자식들의 가슴에 따뜻한 불을 지핀다. 복종을 강요하기보다 사랑의 나무를 심으며 입김을 불어넣는다. 화단에서 실한 꽃과 열매를 보려면 화초를 적당하게 솎아내듯 부모와 자식 간에도 어느 정도 거리 두기가 필요하지 않을까.

(『푸른솔 문학』, 2010년 12월호)

속

주변에서 아무리 그 사람이 좋다, 믿을 만하다 떠들어대도, 그와는 달리 행실이 바르지 않고 분위기 파악도 못하는 얼뜨기이며, 낄 자리 안 낄 자리 가리지 않는 분수라고 손가락질해도, 겪어보지 않고는 말하지 말아야 한다.

모 처에 발령받고 나서의 일이다. 출근하면 시시때때로 그 여직원의 얘기가 오갔다. 여상을 졸업하고 아는 사람의 추천으로 채용되어 버릇이 없고 예의도 없다며. 일처리도 숙맥이라 아무짝에도 쓸모없다며.

나 또한, 그녀를 보면 부정적인 면이 먼저 와 닿았다. 선입견이 떠올라 그들처럼 대했다. 일하거나 협조를 구하러 곳곳에서 마주쳐도 눈길조차 주지 않았다. 웬만하면 봐줄 만한 일인데도 짜증내고 신경질을 부렸다. '그런 식으로 일하면 곤란한데.' 엄포를 담은 눈빛을 보내기도 했다.

직장 사람들은 경력이 많고 적음을 가리지 않고 기준을 똑같이 하여 그녀를 판단했다. 배우고 익히고 적응하는 시간이 필요한데도 고려하지 않았다. 고민이나 걱정거리를 들어보려고 그녀에게 다가서기는커녕 나 편하고 내 몸뚱어리 놀리지 않으면 그만이었다. 그녀는 혼이 나면서도 전혀 티를 내지 않았는데, 직원들은 그녀가 그럴수록 숙맥으로 알고 점점 더 구석으로 몰아갔다.

시간이 가면서 그녀에 대한 생각이 달라지기 시작했다. 일을 잘해서도 아니요, 행실이 고와서도 아니다. 내심을 알고 난 다음부터다. 그렇게 부족했던 면이 있었던 것은 일을 몰라 그리한 것이지, 본바탕이 나쁜 게 아니었다. 업무를 처리할 때에도 남을 의식하지 않고 당당했다. 그렇다고 남에게 잘 보이려는 행동은 취하지 않았다. 말을 붙여보고 이야기를 나눌 때에도 있는 모습 그대로였다.

그동안의 오해나 그릇된 평판이 오간 이유는 다른 데 있었다. 여상을 졸업하자마자 바로 직장에 들어왔다고 들었다. 그러니 세상 물정을 모를 수밖에 없다. 대인관계도 많지 않고 직장 예절이나 업무도 햇병아리였다. 더군다나 외동딸로 귀엽게 컸으니 거친 일이나 힘든 일을 해보지 않았을 것이다.

『여씨춘추呂氏春秋』에 나오는 이야기다. 진나라와 채나라가 곤경에 빠져 있을 때 제자들을 거느리고 열국列國을 주유周遊하던 공자는 이레

동안 아무것도 먹지 못해 하늘만 바라보는 신세가 되었다. 때마침 제자 안회가 어디선가 쌀을 구해왔다. 그런데 안회는 밥을 짓다 말고 한 움큼을 몰래 집어 먹었다. 마침 그 광경을 지켜보던 공자가 꾀를 내어 말했다.

"방금 내가 꿈속에서 돌아가신 부친을 뵈었는데 이 밥으로 제사를 올려야겠구나. 제사는 아무도 손대지 않은 깨끗한 밥을 올려야 하는 법이니 어서 준비하거라."

그 말을 들은 안회는

"아니되옵니다. 밥을 하다가 석탄재가 그만 솥 안에 떨어져 집어내 버리려다가 밥이 아까워 그냥 먹었습니다. 그러니 제사에 쓸 수 없습니다."

공자는 소스라치게 놀라며 말했다.

"내가 괜히 너를 의심했구나. 내가 보고 느낀 대로 판단했구나. 눈과 머리만 믿고 사람을 이해한다는 것은 이만큼 어렵구나."

사람의 겉모습만 보고 됨됨이를 평가하기란 쉬운 일이 아니다. 남에 대해 제대로 알려면 오랜 만남과 관찰이 있어야 한다. 내가 겪어보고도 잘못 판단하는데 남의 눈과 귀에만 의존하면 오해를 낳는다. 위험한 일이기도 하다.

사람 하나 바보 만드는 건 아주 쉽다. 그 누가 아무리 강심장이라도 주변에서 몰아세우면 따가운 눈총을 견뎌낼 수가 없다. 내가 아는 모 직원도 집안 살림과 자녀 문제로 직장을 그만두었다고 들었다. 그런데 나중에 들리는 얘기를 들어 보니 직장 상사의 괴롭힘이 원인이었다. 업무를 조언해주기보다는 강요하고, 주관적인 자기 판단으로 나무라기도 여러 번. 그 직원은 조여 오는 긴장감과 불안감을 이겨내지 못하고 사표를 냈던 것이다.

그동안 그녀에게 마음의 죄를 진 것만 같아 일이 없어도 다가갔다. 업무와 사회생활과 개인적인 일도 조언해주곤 했다. 진심을 모른 잘못으로 뭐든지 잘해 주고 싶었다. 초보 운전자라 차를 다루는 방법을 알려준다든지, 사무 직렬 공무원 채용 시험에서 큰 비중을 차지하는 '정보처리 기능사' 자격증을 미리 취득해 놓으라는 등.

나뿐만 아니라 직장 내 모든 직원이 그녀를 인정하기 시작했다. 칭찬하는 일이 많아졌다. 동료들은 기가 죽어 있던 그녀에게 샘물을 길어 올리게 하고 빛이 들도록 천막을 걷어내 주었다. 아픔도 잠시, 그 누구도 들어주지 않아 반향이 없던 그녀의 목소리가 곳곳으로 번져나갔다. 그동안 몇 안 되는 사람의 잘못된 판단으로 그늘에 가려져 있던 얼굴은 하루하루 다르게 변해갔다. 수면 아래에서 숨죽이던 풀죽은 모습이 아니라 불꽃처럼 나비처럼 훨훨 날았다.

어언 2년 그곳에서 근무하다 떠났지만 오늘따라 그녀가 보고 싶다. 왠지 그녀가 사무실 문을 열고 들어설 것만 같다. 커피 한 잔 미리 준비해 놓아야겠다.

(『중부매일신문』, 2010. 07. 16, 에세이 뜨락)

장화 신은 전 소장

낯선 사람이 교실 뒤편에서 어슬렁어슬렁 걸어온다. 허름한 옷을 걸치고 장화를 신은 모습이다. 그 모습은 마치 농부가 물꼬를 보고는 볼일이 있어 학교에 잠깐 들른 것 같다. 아무리 성격이 털털하다 해도 차림이 너무 비대칭이다. 정말이지 그를 오래 보고 있으면 웃음보가 터질 것 같아 고개를 돌려야 했다.

그는 자신을 승강기 설치공사를 맡은 현장소장이라고 소개했다. 그러더니 대뜸 사무실에 빈 책상이 있으면 빌려 쓸 수 있느냐고 묻는다. 컴퓨터를 연결해 쓸 전선도 필요하단다. 꼭 물건을 맡겨 놓은 사람처럼 행동한다.

요새 젊은이들이 물불 가릴 줄 모른다더니 이런 부류의 사람을 두고 말하는 것 같았다. 젊은이들이 자유분방하고 개성이 강하다지만 가릴 것은 가려야 한다. 아무때나 나서도 안 되고 많이 알아도 모르는 체해야 할 때가 있다.

아니나 다를까. 그는 며칠 되지 않았는데 커피를 타 달라고 하지 않나, 직원들에게 손수 차를 타 주겠다며 나서기도 한다. 그런가 하면 사무실 문을 불쑥 열고 들어와서는 우스갯소리를 하는 날도 종종 있다. 변덕이 죽 끓을 때면 동료와 먹을 새참을 들이밀기도 한다. 나중에는 일이 있건 없건 사무실을 제 집같이 들락거렸다.

넉살이 좋은가. 비위가 좋은가. 그는 자기에게 친절하게 대해주는 최 주무관을 형이라고 불렀다. 물론 최 주무관이 필요한 것을 챙겨주고 어려운 일을 부탁하면 마다하지 않고 들어준다 해도 아주 친한 사이가 아니라면 형이라고 부르기가 쉽지 않다. 그런 그를 누가 말릴까. 그는 아무나 보면 말을 걸고 누구든 한 번 봤다 하면 누나고 형님이다. 나는 전 소장의 그런 모습이 싫지만은 않았다. 근무처를 옮기거나 바꿔도 적응하기 힘든데 그는 오래전부터 근무하던 사람처럼 행동한다. 사실 드러내놓고 말을 안해서 그렇지 그런 그가 부럽기까지 했다.

그는 시간이 남으면 학교 일을 도왔다. 현장감독 일이 고되어도 공사에 쓰고 남은 흙을 학교 화단에 뿌리고 건물 뒤편에 쌓인 폐자재를 치웠다. 한번은 직원이 줄자를 대고 시설 평면도를 그리는 걸 보더니 만 시키지도 않았는데 컴퓨터로 작업을 해와 감동이 두 배였다.

몇 발짝 걸어도 금세 온몸에 땀이 줄줄 흘러내릴 정도로 날씨가 후텁지근하다. 건물을 녹일 듯 태양이 이글거린다. 그런데도 전 소장은 작업장을 떠나지 않고 있다. 찜통더위쯤은 아랑곳하지 않고 작업 현장에서 설계도를 검토하고 흐트러진 작업도구들을 정리한다. 그의 동료들은 벌써 점심을 먹으러 갔는지 보이지도 않는데.

나는 그가 혼자 이리 뛰고 저리 뛰는 모습이 안쓰러워 밥이나 먹고 하라고 했다. 그런데도 그는 대답 대신 씨~익 웃으며 아이들이 점심 먹고 나면 그때 가서 먹겠다며 손사래를 친다. 그러면서 말을 잇는다. 만일 공사판을 비워 놓았다가 아이들이 다치기라도 하면 그게 더 큰 일이라고. 밥이 뭐 대수냐고. 자기도 초등학교에 다니는 자식이 둘이나 있는데 어린 학생들을 보면 다 내 자식같이 느껴진다면서.

그 순간 나는 망치로 한 방 얻어맞은 것처럼 정신이 몽롱했다. 학교에 근무하는 나도 무심한데 어떻게 전 소장은 그런 기발한 행동을 할까 해서. 공사현장에서 아이들이 사고가 나더라도 궁극적으로는 학교장 책임인데도 말이다. 세심한 부분까지 신경 쓰는 걸 보면 그는 책임감이 강한 사람이다. 그동안 그를 덜렁이 같다고 놀려왔는데 미안한 마음 이를 데 없다. 점심을 먹는 동안에도 그 일이 떠올라 밥알이 입 안에서 자꾸만 겉돌았다.

그는 털털한 성격과는 달리 일에서만큼은 철두철미했다. 공사 막바지에는 이런 일도 있었다. 승강기 내부 바닥에 대리석 타일 붙인 게 마르지도 않았는데 누군가 밟는 바람에 그 배열이 어긋나고 말았다. 하지만 눈에 띌 정도의 흠은 아니었다. 누군가가 재시공하라고 지시하지 않는 이상 그냥 넘길 법도 했다. 그런데도 전 소장은 작업을 다시 해야 한다며 오히려 내게 고집을 부렸다.

정말 그는 일을 즐기면서 하는 사람이다. 비록 육신은 고달파도 일할 때는 '생활의 달인' 들처럼 웃음을 잃지 않는다. 남이 보건 말건, 때 이른 아침이나 늦은 저녁 상관 않고 맡은 바 일을 해낸다. 다들 경제 상황이 좋지 않아 직장 구하기 어렵다고 하는데 전 소장 같은 사람만 있으면 서로 데려가겠다고 줄서기할 것만 같다.

요즘 나는 일이 풀리지 않거나 짜증이 날 때마다 전 소장의 얼굴을 떠올린다. 그가 나보다 나이가 어리고 경력도 적지만 본받을 게 많아서다. 오늘도 나는 집을 나서며 그의 얼굴에 송골송골 맺혔던 땀방울의 의미를 읽는다. 구두끈을 바싹 조여 맨다.

(『좋은 생각』, 2010년. 4월호)

알로카시아

아파트에 입주할 때 축하 사절로 온 알로카시아. 공기를 정화하고 새집증후군도 막아줘 집들이 선물로 인기인 알로카시아. 문틈으로 스미는 산들바람에도 이파리가 한들한들. 연녹색의 풋풋함을 뽐내는 줄기도 문실문실.

그랬던 알로카시아가 어느 날부터 기운을 잃어간다. 이파리 색깔이 누레지고 줄기도 부실하며 나는 잎도 자잘했다. 그런데다가 나무 둥치 한 부분이 물컹거리는 게 촉감마저 좋지 않다. 속이 썩어 들어가는 무름병이라 했다.

물을 자주 준 게 원인이었다. 알로카시아는 태생적으로 물을 싫어하는데 화초를 키우면서 그 사실조차 모르고 있었다. 이파리에서 물이 툭툭 떨어지는 걸 보고도 2~3일마다 물을 준 적도 있다. 사람이나 짐승도 정도 이상 먹으면 탈이 나는데 생각이 거기까지 미치지 못했다. '제발 물을 그만 주세요. 이제 주지 않아도 돼요.' 라며 나를 얼마나 원망해 왔을까.

알로카시아는 날이 갈수록 썩은 부위가 늘어나고 몸체가 한쪽으로 기운다. 그 많던 이파리도 달랑 하나만 남았다. 그 모습이 하도 딱해 몸체가 기운 쪽에 돌을 괴어 주고 끈을 매 잡아주었지만 볼품이 없긴 마찬가지다. 알로카시아가 내게서 떠나려는 모양새다. 생명이 다했나 보다.

화초를 이리저리 둘러보며 어루만져도 죽어가는 생명이 살아날 리 없다. 쇠약해진 몸뚱이를 끌어안으며 관심을 보인들 무슨 소용 있을까. 살림살이 바쁘다는 핑계로 가엾은 생명에 몹쓸 짓을 했다. 그리 무관심했던 나 자신에게 화가 났다.

이제 알로카시아는 쓰레기장에 내던져지는 신세다. 그동안의 영화를 뒤로하고 불쏘시개가 되거나 땅에 묻히게 된다. 속상한 마음에 알로카시아를 뿌리째 뽑아 베란다 화단에 내동댕이쳤다. 그런데 사람 마음 이리도 간사한가. 꽃을 볼 때는 언제고 베란다가 지저분하니 얼른 치웠으면 하는 눈치다.

알로카시아를 쓰레기장에 버리려던 마음을 고쳐먹는다. 그동안 알로카시아는 눈길 주지 않아서 생명이 꺼져간다. 화단 주변에 있는 흙을 긁어모아 나무 밑동까지 묻히도록 덮어주었다. 벤자민 고목나무와 행운목과 비료 포대에 담겨 자라는 파에 물을 줄 때에도 한 바가지씩

부어주었다. 이게 알로카시아에 어떤 도움이 될는지 모른다. 아니, 아무 보탬도 되지 않는 괜한 짓일 수도 있다.

바람 앞에 등불처럼 위태위태한 알로카시아. 돌봐주는 이 없어 홀로 가는 길은 외롭다. 세상을 살면서 아픔이 없을까마는 죽을 때까지 자유로울 수 없는 몸. 베란다가 지저분하니 치우자, 당분간만 지켜보자, 입씨름하는 동안 그렇게 또 며칠이 흘러간다.

버티는 것도 한계가 있는 법. 팽팽했던 줄다리가 끝을 보인다. 알로카시아를 내다버려야겠다고 작정하며 알로카시아를 들어 올리는 순간, 이게 어찌된 일인가! 흙에 닿았던 둥치 부위에서 실뿌리가 돋아나기 시작했다. 그것도 3개씩이나. 알로카시아가 말라비틀어지며 죽어가는 줄 알았는데 여태 살아있었다. 흙이 메마르고 거칠어도, 강한 햇볕이 들이닥쳐도 목숨을 내주지 않고 있었다.

물기의 힘이다. 세상에 존재하는 생물체는 물 없이는 목숨을 이어가지 못한다. 사람이건 동물이건, 하다못해 식물일지라도 물을 공급받지 못하면 생명을 잃는다. 알로카시아는 화단 밑바닥에 깔린 수분을 등한시하지 않았다. 그 작은 물 알갱이의 힘을 알고 있었다.

알로카시아 몸통 이곳저곳을 살피며 썩은 부위를 잘라봤다. 고구마

녹말 같은 알갱이가 묻어났다. 조금 지나니 미끌미끌한 점액이 흘러나왔다. 요리용 칼로 살짝 힘을 가해도 잘려나가는 알로카시아. 손톱으로 눌러도 쑥쑥 들어가고 살살 긁어도 알갱이가 긁히는 알로카시아. 속이 온통 수분 덩어리였다. 그게 생명의 원천. 극한 환경에서도 알로카시아를 버티게 했던 그 에너지원.

물기를 받아들이는 건 희망이 있기 때문이다. 물기를 돌게 하는 것은 사랑의 힘이다. 통에 물을 채우고 알로카시아를 뿌리까지 흠뻑 잠기도록 담가 주었다. 그렇게 하고 하루가 지난 다음날엔 다시 알로카시아를 물에서 꺼내 화분에 옮겨 심었다. 그리고는 열흘 정도의 시간이 또 흘러갔다.

살아날 수 있을까 반신반의했는데 알로카시아는 또르르 말린 연녹색의 이파리를 내민다. 이파리를 떼어낸 줄기에서 새순을 밀어 올린다. 성장 속도도 빨라 며칠 사이에 이파리가 손바닥만 해지더니 본줄기에서 또 다른 줄기를 밀어 올린다. 알로카시아는 잃었던 생장의 본성을 점차 회복해 간다.

알로카시아가 거실에 처음 놓였을 때가 생각난다. 이파리가 연잎을 닮은 데다 하트 형상을 하고 있어 가족들은 그 아름다운 자태에 끌려 자리를 떠날 줄 몰랐다. 1년 정도 지나서는 보기도 어렵다는 꽃 선물까지 안겨줬었다. 하도 꽃 모양이 독특하고 근사해 집에 있는 사람만 보는 게 미안할 것 같아 사진을 찍어 카페와 블로그에 퍼 나르기도 했었다.

이제 알로카시아는 절망에서 벗어나 또 다른 삶을 준비한다. 제2의 삶이다. 나 또한 그 순간을 함께하고 싶다. 꽃대가 처음 올라올 때는 가는 옥수수자루 모양이었다가 나중에는 껍질을 벗겨 낸 바나나 형상으로 만개하는 그 찬란한 향연을 위해 마음을 보탠다.

(『충북문학』, 2010, 제34집)

한 발짝만 물러날 수 있다면

나는 길눈이 어둡다. 매번 다니던 길도 잘못 들어 잔소리를 듣는다. 그런 사람들을 위해 내비게이션이 시중에 나왔지만, 나는 그런 문명의 혜택조차 반기지 않는다.

아이가 대학 입학시험을 치를 때였다. 남들은 시험을 보기 전날부터 학교를 알아보고 시험장 근처에 여관을 잡느라 야단법석인데도 나는 시험 당일 가도 된다며 고집을 부렸다. 대한민국 어디를 가도 길이 뻥뻥 뚫렸으니 능수능란하게 운전하는 솜씨를 믿어 달라며 식구들에게 큰소리까지 쳤다. 사실 지금 와서 고백하건대, 그때 길이 막히지는 않을까, 시험 장소를 잘 찾아갈 수 있을까, 운전하는 내내 불안감을 떨칠 수 없었다.

얼마 전에는 우려했던 일을 겪고 말았다. 큰아이가 공군을 지원해 대진고속도로를 이용해 진주훈련장까지 데려다 주고 오는 길이었다. 부대를 찾아갈 때에는 사전에 고속도로 IC를 봐두고 목적지의 전화번호까지 꼼꼼히 챙겨 아무 탈이 없었다. 그런데 막상 집으로 돌아올 때에는 회덕 IC를 하나 남겨두고 대전 IC에서 미리 빠져나오고 말았다. 아들을 훈련소에 데려다 주고 나서 목적을 완수했다는 안도감에 긴장이 풀려 그리했는지 모른다. 군에서 고생하게 될 아이에 대한 염려와 걱정으로 정신이 얼떨떨해 운전을 집중하지 못한 것도 이유라면 이유다.

인천에서 문학행사가 있던 날이었다. 그날 나는 처음으로 차에 내비게이션을 달았다. 그곳 지리도 모르고 길이 낯선데다 모임을 마치고 나면 음성에서 시골 초등학교 동문의 밤 행사가 이어지기에 1분 1초라도 줄여보려고 염치불구하고 직원 것을 빌려서 갔다. 목적지를 찍으니 중부고속도로를 이용하란다. 차들이 제 속도를 내지 못하고 멈춰 서기를 반복했다. 토요일 이른 아침이라 안심했지만 얼마 못 가 길이 막혔다. 하여 대소분기점에서 서안성으로 빠져나가는 평택 충주 고속도로로 갈아탔다.

선택을 잘했나 고속도로가 막힘이 없다. 순간의 선택이 하루의 행복을 쥐락펴락한다는 생각에 기분이 묘해진다. 그동안 달리지 못한 것을 만회할 만큼 속이 후련하다. 그런 기분도 잠시 그곳 분기점을 빠져나와 다시 경부고속도로로 접어들자 기흥 근처에서 또 다시 길이 막힌다. 새끼줄 타래를 풀어놓은 것마냥 도로가 차량으로 얽혀 있다.

자동차 추돌 사고였다. 그 사고 여파로 10분이 가고 30분이 흘러도 도로는 뚫리지 않았다. 지인 한 분이 먼 길 온다고 점심을 같이 먹자고 전화를 걸어왔지만 마음으로만 받았다. 점심은 둘째치고 행여 시간에 늦을까 봐 그게 더 몸이 달았다. 약속 시간에 대지 못하는 것은 예의가 아니라는 생각에 조바심은 극에 달했다.

인천은 내게 낯선 도시다. 군 복무 시절 동료와 같이 휴가를 나와 자유공원과 연안부두를 구경한 적이 있고 몇 해 전 지인의 결혼식 때 버스를 타고 다녀갔을 뿐이다. 그러다 보니 시내에 접어들고 나서도 어디로 가야 할지 막막했다. 목적지가 주안역 근처라지만 그곳을 알 리도 없고 그곳에 가더라도 빌딩 속에서 헤맬 것 같았다. 내비게이션이 길 안내를 하겠지만 목적지까지 잘 데려다 줄지 그것도 불안했다. 행사 관계자가 어디까지 왔느냐고 연방 전화를 해대지, 주말이라 도로는 막히지, 빨강신호등은 마치 공포의 저승사자처럼 느껴졌다.

인천에서 나와 시골 학교로 가려고 중부고속도로로 접어들었을 때에도 도로 정체는 여전했다. 용인 주변을 지날 때마다 매번 겪는 일이지만 짜증은 피할 수 없다. 하도 답답해 택시 운전을 하는 친구에게 고속도로가 막히니 어떻게 하면 좋으냐고 전화를 하니까 고속도로를 빠져나와 국도를 이용하란다. 하여 격한 물살에 지푸라기라도 잡는 심정으로 그곳에서 빠져나왔다. 하지만 도로가 막히는 건 어디든 마찬가지였다.

대한민국 어디를 가도 자유롭지 못한가. 고속도로의 확장 길이가 자동차의 생산량을 따라잡지 못하나. 도로가 막히면 내비게이션은 무용지물이다. 내비게이션은 그저 위성 통제시스템에 의한 명령만 수행하는 쇳덩이요, 주인이 지정해 준 길만 안내하는 로봇에 불과하다.

길이 막혀 짜증이 나더라도 마음의 여유를 갖지 못한 게 아쉽다. 고속도로 정체에서 벗어나려고 중부, 평택충주, 경부 3개 고속도로를 넘나들었지만 목적지를 주파한 주행 시간을 따져 보면 별 차이가 나지 않는다. 아무리 삶이 거칠고 힘들더라도 멈출 줄 알아야 한다. 서둔다고 길이 뚫리는 것도 아니요, 바쁜 사람 사정 알아주고 길을 내주는 것도 아니다. 무턱대고 달려들다 보니 오늘 같은 일이 벌어지고 만 것이다. 세상을 멀리 내다보지 못하고 앞만 보고 달린 오늘 하루가 무척 아쉽다.

현대인들은 기계화 문명 속에서 정신없는 나날을 보낸다. 복잡 다양한 부품들이 서로 맞물려 돌아가는 기계장치에서 자유를 찾으며 세상과 소통한다. 그런 면에서 고속도로의 확장은 우리의 삶에 많은 편리와 변화를 가져다주었지만 어떨 때는 우리의 삶을 꼼짝 못하게도 한다.

(2010년 경부고속도로 개통 40주년 기념 전국 고속도로 이용 수기 공모전 입상작)

그래도 눈물은 짜야 맛이 나지

아름다움이란 시각적인 아름다움과 안에서부터 풍기는 지적인 아름다움으로 구별된다. 개성과 취향에 따라 외모를 중시하기도 하고 겉으로 풍기는 미는 덜하더라도 내면에서 배어나는 정숙하고 원숙한 지성에 마음 두기도 한다. 안과 밖 어느 것에 더 치중하느냐에 따라 아름다움에 대한 선호도는 달라진다.

나는 화장한 얼굴보다 맨송맨송한 얼굴을 좋아한다. 민얼굴은 맑은 거울을 들여다볼 때처럼 상쾌함이 있다. 화장으로 가려진 얼굴이 아니어서 청순한 맛이 난다. 방금 세수를 하고 나온 딸아이의 얼굴을 볼 때마다 그런 기분을 느낀다.

그런데도 요즘 여인들은 너나 할 것 없이 보물을 숨기려고만 한다.

마음에 화장하지 않고 몸에 화장한다. 자연스러움도 좋은데 몸 여기저기 매만지고 뜯어고치는 재미로 산다. 명품에 사족을 못 쓰듯 벌이의 상당액을 현실 탈피를 위해 쓴다. 정성을 넘어 중독에 가깝다.

달착지근한 눈까풀 수술은 새 출발이요, 변신은 제2의 탄생이다. 고등학교를 졸업하는 여학생들마저 성형의 호기심 때문에 들떠서 산다. 어느 병원이 눈꺼풀 수술을 잘하는지, 탤런트 누구의 눈이 예쁜지 알아보느라고 하루해가 저무는지도 모른다. 유명세를 탄 병원은 자정까지 수술에 매달린다. 광목으로 허리를 두르고 수건으로 얼굴을 감싸는 폐쇄적인 미인의 기준에 맞출 여인들이 어디 있겠느냐마는 무분별한 성형은 아름다움에서 멀어진다.

미美의 기준은 지역과 민족에 따라 많은 변천을 가져왔다. 고대 그리스 여인들은 화장하면 자연의 섭리를 어기는 것으로 알았다. 자연스러운 생김새를 부정하면 판도라처럼 업신여김을 당했다. 아프리카 소수 민족 중에는 입술이 주걱처럼 툭 튀어나와야 미인 축에 꼈다. 미얀마의 한 부족은 목을 가늘고 길게 하려고 어릴 적부터 목에 링을 걸고 다녔단다. 농업이 근간이었던 구석기 시대나 해일이 자주 일어나는 태평양의 섬나라에서는 늘 끼니 걱정을 하는 관계로 뚱뚱해야 미인으로 추앙되었다.

남자는 자기를 알아주고 인정해 주는 사람을 위해 목숨을 걸지만 여자는 사랑하는 사람을 위하여 화장을 한다.

잇몸이 아파 치과 치료를 받을 때 칼날 같은 기계음 소리에도 고개를 절레절레 흔들었는데 여성들은 얼굴에 기계톱을 갖다 대고 망치질

해도 꿈쩍하지 않는다. 눈에서 시작한 성형수술이 코, 입, 턱, 유방, 허리, 배, 다리, 어느 것 하나 놔두질 않는다. 기초화장만 해도 아름다운데 멀쩡한 이빨을 뽑고 턱을 깎아내고 허벅지에서 살덩어리를 덜어내기까지 한다.

세계적인 팝스타 브리트니 스피어스가 지방흡입, 가슴확대, 박피수술비용으로 1억 5천만 원을 들일까 고민한다는 뉴스를 들었다. 모 방송에서도 완벽한 미인으로 재탄생하는데 6천여 만 원 정도면 있으면 된다고 성형을 부추기기도 했다. '여성미의 핵심은 얼굴이 아니라 허리와 엉덩이의 비율' 이라고도 했는데 정말 이러다간 성형으로 말미암은 엇비슷한 외모 때문에 누가 누군지 구별 못하는 세상이 올지도 모르겠다.

우리나라는 유교사상에 얽매어 여성들이 풍기는 이미지가 정숙하고 다소곳해야 아름답다고 여겨 왔다. 장미꽃처럼 화려하지도 않고 벚꽃처럼 피었다가 금방 지는 가벼운 정서와 분위기를 거부한다. 뜰 안에 핀 국화꽃처럼 은근히 향을 내면서도 조용히 울타리를 지키는 정숙함이 배어 있어야 한다. 복스럽게 생긴 둥근 얼굴을 가져야 하고, 종족 번식의 본능 때문에 궁둥이가 넓적하고 체구가 좀 통통해야 귀여움을 받는다. 현모양처는 마른 체구의 여인이 아니었으니 지금에 와서는 격세지감을 느낀다.

드라마를 보면 여인들이 눈물을 많이 흘린다. 슬플 때만이 아니라 기쁘거나 반가워도 눈물을 흘린다. 애잔한 눈물로 남자 속을 다 긁어놓기도 한다. 하지만 성형으로 치장된 얼굴이라 고독하거나 애잔하지 않다. 슬픔이 제대로 배어나질 않는다. 옷고름으로 꼭꼭 찍어가며 소리 내지 않는 울음이라 짭짤한 맛이 덜하다.

일탈逸脫

부리를 벌린 채 꽁지를 파르르 떤다. 위험에 처하거나 기가 죽으면 저럴까. 날개를 늘어트리더니 나중엔 묽은 똥까지 깔긴다. 참새는 서서히 기운을 잃어간다.

얼마 지나지 않아 참새는 잘못 들어온 것을 아는 눈치다. 날아든 쪽으로 몸을 돌린다. 벽이 가로막고 있다. 반대 방향으로 몸을 틀어도 그곳도 벽이다. 탈출을 막는 벽. 참새는 남에서 북으로, 또다시 북에서 남으로, 참새의 시행착오는 계속된다.

개가 시력이 약하고 색맹이라 사물을 흑백으로만 인식하듯 참새도 열성인자를 가지고 태어났나. 공간지각력이 떨어져도 무척 떨어진다. 몸을 이리저리 움직이다 그 길이 아니면 돌아서야 하는데 비행의 높이나 영역을 스스로 제한하고 있다. 날다가 창문에 머리를 부딪치기도 한다. 우둔하기 짝이 없다.

참새는 단조로운 일상의 감각을 깨우는 신화 같은 존재다. 숲을 찾게 하고 아침의 전령사가 되어 아이들에게 생기를 불어넣는다. 사랑방에서 군고구마 같은 구수한 이야기를 주고받던 촌로들의 얼굴과 고향의 방앗간을 떠올리게 한다. 한데 지금은 자유가 없는 몸이다. 가시덤불로 돌아가고 싶어도 초점 없는 눈으로 허공을 배회한다. 나무 사이를 날며 고운 선율로 봄을 노래하던 숲을 그리워하고 있다.

안정을 되찾은 듯 참새는 서쪽 벽에 걸린 각목 위에서 몸을 일으킨다. 풀밭의 자유를 위해 다시 날갯짓한다. 그렇지만 성과 없는 논쟁을 벌이는 회의장의 사람들처럼 소란 피우며 제 몸을 들볶는다. 캐비닛 위쪽으로 옮겨가고 서쪽에서 동쪽으로 비행의 영역을 넓혀보지만 조금 전의 모습과 달라진 게 없다. 나가라고 소리쳐도, 안쓰러운 마음에 손을 내저어도 유리창의 틈을 알아채지 못한다. 눈만 멀뚱멀뚱거리며 그 두려움에 몸서리친다.

참 이상한 날이다. 5월 구름 한 점 없는 맑은 날, 만국기가 펄럭이는 육상트랙에서도 괴이한 일이 벌어진다. 첫 주자가 출발하고 운동장 반 바퀴 지점에 있던 아이가 릴레이 버튼을 이어받더니 골인 지점과 반대 방향으로 내닫는다. 달리는 방향이 잘못되었다고 소리쳐도 알아채지 못한다. 다른 편 주자들이 자기 쪽으로 달려와도 뜀박질을 멈추지 않는다. 아이의 담임선생이 쫓아가서야 거꾸로 달리는 아이를 돌려세운다.

질주. 아이는 뒤돌아서서 자기편 선수가 달려오는 것을 지켜보다가 그만 버튼을 받아드는 순간, 바라보던 쪽이 가는 길이라고 착각하고 말았다. 달리면 달릴수록 목표 지점에서 멀어지는데도 그것을 알아채지 못했다. 아이의 달리기는 주변을 살피지 않는 집중이다. 간절히 원하면 무엇이든 이루어진다지만 욕망이 지나치면 앞뒤를 구분 못하는 집착을 부른다.

날개를 편 채 움직임이 없어도 창공을 누비는 독수리와 달리 참새는 쉴 새 없이 날갯짓해야 살아남는다. 부단히 날개를 퍼덕여야 추락을 멈춘다. 주변 사람들과 타협하지 못하고 막연한 불안감에 떨던 나 자신을 본다. 미래에 대한 가능성 탐색보다 자잘한 날갯짓으로 점철된 나날. 지나온 길보다 퇴직까지의 시간이 얼마 남지 않았는데도 목표 지점을 놔두고 거꾸로 달리는 아이의 모습을 자꾸만 보인다.

어린아이가 골인 지점에서 벗어나듯 그러한 착각이나 웃지 않을 사건은 언제든지 찾아든다. 어느 때엔 그 순간보다 더한 아픔과 고통으로 힘들어할지 모른다. 성스러운 별 하나가 지나온 길을 회상하며 '삶과 죽음이 모두 자연의 한 조각 아니겠는가.' 라는 말을 남기고 떠났다. 인생은 누구에게나 가벼운 깃털이다. 그 사람의 처한 환경과 자리의 중량감과는 상관없이 무대 위에서 내려와야 한다. 너나 할 것 없이 보통사람으로 되돌아가야 한다.

우리네 인생길 묘하게도 가다가는 벗어나고 벗어났다가도 제자리로 돌아오곤 한다. 길을 잘못 들어 고생할 때도 많다. 그렇더라도 도전은 아름다운 것이다. 이 세상 그 어떤 아름다운 꽃들도 다 흔들리면서 핀다고 도종환 시인은 노래했다. 달리기하다가 트랙에서 잠시 벗어났던 아이에게도 박수를 보낸다.

창문에 다가간다. 참새는 보이지 않지만 뜰에는 햇살이 완연하다. 겨우내 바삭바삭했던 나뭇가지에도 잎눈이 톡톡 불거지고 연초록으로 물든다. 풀잎 향기마저 풋풋하다. 참새가 떠나면서 내게 주고 간 선물인가 보다.

(『에세이 포레』, 2011년. 여름호)

소통疏通

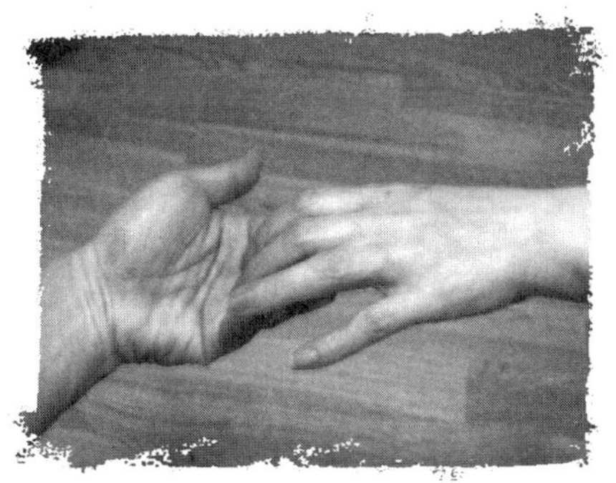

사람은 감정의 동물이다. 주면 받으려 하고, 받을 때에도 더 받아야 직성이 풀린다.

"싸리나무 하면 고향의 아주머니들을 떠올리게 됩니다. 마을 아낙들이 팽나무 정자 밑에 삼삼오오 둘러앉아 걸쭉한 입담 주고받으며 싸리채반 엮는 모습을 물끄러미 지켜보던 유년의 추억 한 자락이 불현듯 떠오르는군요. 뭉클한 향수를 불러일으키게 하는 글 잘 읽었습니다."

sookja37의 아이디를 가진 분이 류영렬님의 「싸리나무 찬가」 수필을 읽고 내 카페에 고향에 대한 그리움과 유년의 추억을 댓글로 남겨 놓았다. 나는 답례의 글을 이렇게 달았다.

"저도 님 덕분에 다시 한 번 읽어 봅니다. 고맙습니다."

며칠 지나 내가 단 답 글을 다시 읽어보니 성의라고는 전혀 없어 보였다. 내가 써놓고도 맘에 들지 않았다. 「싸리나무 찬가」작가의 글을 내가 운영하는 카페에 옮겨오면서 남긴 댓글과는 너무나 대조적이었다. 상대방은 곰국을 끓이는 진지함으로 어머니의 품을 그리워하며 다가왔는데, 나는 지나가는 말로 답례를 했다. 그것도 상대방이 댓글을 단 지 14일이나 지났는데도 모르고 있다가.

얼마 전의 일도 그렇다. 대학생인 딸애와 눈높이를 같이하지 못해 벌어진 일이었다. 아이가 저녁때 친구를 만나러 간다면서 아내에게만 눈인사 하고 나간다. 나는 안중에도 없다. 아이의 처지로는 제 엄마가 편하겠지만, 가장을 의식하지 않는 행동이다. 서운한 생각이 들어 '나를 무시하는 건 아니겠지.', 내 자신을 위무하기도 했지만 미심쩍어 아내에게 물었다.

"애가 내게 인사를 안 하고 나가던데, 내가 애한테 서운하게 한 게 있나, 못해 준 게 있어 그러나?"

아내는 아니라 했다. 애들은 아빠가 고생하는 것도 알며, 아빠 생각도 많이 한다고 했다.

그랬다. 딸아이는 늘 하던 대로 인사를 한 것이다. 상대방이 한 명이면 그 사람에게. 여럿이면 '자신의 존재'를 그들 중 아무에게나. 인사는 꼭 누굴 지명하여 하는 것이 아니라 평상시 지내온 대로 가족 구성원 중 누구에게나 알려주면 그만이었다. 아이가 버릇없어 그리한 것도 아니고, 예의가 없어서 그런 가벼운 행동을 한 것은 더더욱 아니다. 딸아이는 우리나라가 동방예의지국이라고 해서 꼭 무릎 꿇고 넙죽 절하는 그런 문화를 고집하지 않는다. 아이만의 방식으로 상대방과 소통한다.

우리는 하루에도 많은 사람을 만나고 부딪칠 때마다 인사를 나눈다. 그럼에도 인사는 으레 아랫사람이 먼저 하는 것이 예의라고 안다. 먼저 보는 사람이 인사를 하면 좋은데 너나 할 것 없이 나이 많다고 표시를 낸다. 아랫사람에게 어깨를 툭 치며 '힘들지 않아? 요새 좋은 일이 있나 봐.' 하면 좋을 텐데, 대우만 받으려고 한다. 밖으로 나가는 아이에게 '잘 놀다 와라.' 하고 내가 먼저 마음을 보였더라면…….

조문弔問을 갔다가 우연히 같은 아파트에 살던 모임을 같이하는 형을 만났다. 상가喪家에서의 만남이지만 정말 반가웠다. 그 와중에 전화벨이 어둠을 갈랐다. 통화 내용을 추측하건대 형의 다른 모임의 총무인 듯했다. 그런데 형은 상대방과 몇 마디 주고받더니만 노발대발했다. 부고장을 돌리지는 못할망정 일일이 전화라도 해야 하는 것 아니냐며. 듣고 보니, 그게 도리일 것 같았다. 사람이 죽고 사는 일은 가벼운 인사치레나 단순한 연락으로 할 일이 아니다. 문자 메시지를 보지 못하거나, 내용을 잘못 보내기라도 하면 큰 결례가 아닌가.

휴대전화가 늘어나면서 형이나 내가 근심했던 그런 우려는 현실이 되어갔다. 바쁜 생활 속에서 편지나 전화로 예를 갖춘다는 것은 되레 '예의'가 아니었다. 전화가 오면 걸어가면서도 자연스레 통화하는 요즘이다. 새해 인사나 축하의 꽃다발도 엽서나 카드 대신 휴대전화가 도맡는다. 한 발 더 나아가 젊은 세대들은 전화 통화도 귀찮아 그들의 이야기를 문자로 소통한다. 그런 문화에 익숙한 엄지족들은 손가락을 움직이며 온 종일 울고 웃는다. 전자우편(이메일)이 낯설고 어색할 정도다.

이 거칠고 험난한 세상 내가 먼저 마음의 문을 열어야 한다. 존경 가득한 배려와 따스함이 뭉글뭉글 피어오르는 마음이 이어져야 한다. 마지못해 만나는 자리가 아니라 마음과 마음의 소통이 있어야 한다. 마음 깊은 곳에서 우러나오는 진심이 있어야 한다.

거울을 본다. 못난 얼굴이지만 편안한 미소를 연습해 본다. 입을 움직이고 볼에도 바람을 불어넣는다.

(『중부매일신문』, 2010. 04. 09, 에세이 뜨락)

시동始動

다들 몸에서 찬바람이 멈추지 않는다고 야단이다. 나이 든 사람일수록 그런 뉴스에 귀를 쫑긋하고 인류 구원이나 생명의 신비에 몰입한다. 나 또한 그런 장면이 펼쳐질 때마다 원시부족이 사는 판도라 행성으로 날아가 에너지를 찾고 육체를 보존하는 신물질을 얻는 꿈속으로 들어간다. 생명체의 유전자 지도를 곧 완성하겠지 공상하다 보면 어느새 아침이다.

생명체가 아닌 쇳조각들도 혹한기에는 몸이 무뎌지나 보다. 차 시동이 걸리지 않는다. 키를 빼내 다시 꽂고 가속 페달을 밟아도 소용이 없다. 그동안 차를 함부로 굴린 것도 모자라 또 시험에 들게 하느냐며 경고 신호를 보내는 것 같다. 하는 수 없어 직원 차량에 배터리 선을 연결해 에너지를 충전받아 집으로 돌아왔다. 그런데 다음 날도 차는 여전히 눈사람처럼 얼어붙어 있다.

거창한 계획보다 영화를 보며 새해를 시작하려던 마음에 돌덩이를 올려놓는다. 오늘을 사는 건 내일이 있어서인데 내일로 가기 위한 반쪽의 시간이 날아간 기분이다. 택시를 잡아타고 가는 동안에도 미로를 빠져나올 때처럼 어수선하고 혼란스럽다. 1년의 포부는커녕 반나절의 계획조차 실행에 옮기지 못하는 현실 앞에서 실소를 터트리고 만다.

시간에 쫓기는 질주, 급출발, 급정거, 그것도 모자라 과도한 짐을 실어 차를 비틀거리게 한 적도 있다. 비포장도로나 울퉁불퉁한 산길 운전도 마다하지 않았다. 바닷가에서 몸에 소금기가 달라붙으면 질색하면서도 저만치 멀어져간 여인을 바라보듯 차를 외면해 왔다. 아무데나 차를 세워 둬 외등을 깨 먹고 철판을 우그리고 보닛을 받혀 보이지 말아야 할 속까지 내보이게 했다. 어디 그뿐인가. 부속품을 제때 교환하지 않거나 달그락거리는 소리가 들려도 무심하게 차를 끌고 다녔다.

다음 날 자동차 정비소에 들렀더니 차에 별 이상이 없다고 한다. 제너레이터나 키 박스도 아직 쓸 만하단다. 그럼 배터리에 문제가 있느냐고 정비사에게 물었더니 일시적으로 충전해 가동 중인 상태에서는 그 이상 유무를 파악하기 어렵다며 머리를 조아린다. 주인이 차를 마구 부린 것에 대한 심술인가. 차 고장을 날씨 탓으로 돌려야 하나. 어지러운 하루의 아침이 이어진다.

운전면허를 따고 처음에 중고차를 샀을 때에도 차를 이리 소홀히 다루지 않았다. 닦고 조이고 기름칠하며 차를 상전 모시듯 했다. 히터가 원활하게 작동되지 않아도, 에어컨이 시원하지 않아도 참아가며 옆에 두고 살았다. 그런데 차를 바꾸고 나서는 새 차가 주는 안전에 대한 믿음 때문인지, 아니면 게을러져서 그런지, 추우면 춥다 핑계, 더우면 덥다 핑계, 편리함에만 마음 두며 살고 있다.

정말 차는 내게서 떠날 때가 되었는가. 차는 13년이 넘는 긴 세월 동안 나와 동고동락하다시피 했다. 도시 생활에 적응하지 못해 몸부림칠 때마다 친구가 되어주고 감정이 고조되는 날에는 가슴에 물기를 돌게 했다. 추운 겨울날 단양으로 승진 발령 나 길이 얼어붙어 꼼짝 못할 때에도, 박달재를 오가며 길이 막혀 차가 오도 가도 못할 때에도, 그 메마르고 거친 시간을 함께했다. 아버지가 몹쓸 병으로 투병하다 돌아가시던 날에도, 어머니가 위중하다고 병원에서 알려왔을 때에도 백릿길을 마다하지 않고 달려가던 동반자였다.

차가 멈춰 선 원인은 부품 결함이나 고장이 아니었다. 어이없게도 나의 부주의로 말미암아 벌어진 일이었다. 배터리를 사 손수 장착해 보려고 인터넷을 통해 제품을 주문했었는데 불량품이 걸려들고 말았다. 나이 먹기 전에 하나라도 더 경험하고자 큰맘 먹고 용기를 냈었는데 운이라고 돌리기엔 무척 아쉽다.

자동차는 실린더 내에서 흡입 · 압축 · 팽창 · 배기의 4행정작용으로 에너지를 얻는다. 강한 폭발력은 한 치의 오차도 허용하지 않는 부속품 간의 조화와 그들의 유기적인 작용에서 온다. 연료와 공기의 혼

합 비율이 맞아야 하고 크랭크축 회전과 피스톤 직선 운동이 일정해야 제 기능을 발휘한다. 우리네 몸이 머리와 몸통과 팔다리가 조화를 이뤄야 천지인天地人의 균형점을 찾듯 차의 동력 전달 장치도 각 부품이 온전해야 순탄한 길을 간다. 차를 소중히 다루는 것, 부드럽게 운전하는 것, 차가 내게 준 명령이다. 내가 안고 갈 과업이기도 하다.

이 세상 그 어떤 생명체도 영원한 것은 없다. 이제 차가 말을 듣지 않으면 그게 다 나이 탓이려니 하고 편안하게 받아들이기로 했다. 차 외양이나 내부가 초라해도 내 몸도 머지않아 그렇게 될 텐데 하며 서로 위무하기로 했다.

출근길에 차와 다시 마주한다. 거칠게 산 날에 대한 보상으로 페달에 올려놓은 발에서 힘을 뺀다. 그저 오늘 하루도 무사했으면 하고 차에 주문을 건다.

5.

수필은 수필다워야 한다

수필은 아무나 쓸 수 있는 글이 아니다. 수필을 바라보는 시각도 달라져야 한다. 21세기는 분명 수필의 시대이고, 수필이 미래의 문학이다.

〈2009년 충북수필문학회 하계 심포지엄〉
– 수필에 있어서 허구 도입 논란과 관련하여

수필은 수필다워야 한다

임 형 묵

1. 들어가는 말

수필의 허구 도입 논란에 대해 고찰해 보고자 한다. 수필 문학이 걸어온 길과 나아가야 할 방향에 대해서도 생각해 볼 일이다. 가장 시급한 것은 수필문학에 대한 올바른 이해가 필요하다는 점이다. '누구나, 아무거나, 맘대로' 가 아닌, 수필 이론의 재정립이다. 수필은 아무나 쓸 수 있는 글이 아니다. 수필을 바라보는 시각도 달라져야 한다. 21세기는 분명 수필의 시대이고, 수필이 미래의 문학이다.

2. 수필은 진실의 문학으로 진솔성을 강조한다

수필은 작가 자신이 보고 느낀 사실이나 생각, 사상을 사실적으로 표현한다. 자기 고백의 문학이며 독백의 문학이다. 정목일 선생은 수필에 대해 '자신의 삶을 거울에 비춰 보는 일' 이라 했다. 진실의 문학임을 피해갈 수 없다.

① 체험(사실)

② 체험(사실) + 허구

③ 허구

소설은 위 세 가지 중 어느 것을 택하더라도 상관하지 않는다. 그만큼 영역이 넓다. 시詩는 가급적 ①과 ②의 범위 안에서 작품을 이끌어나간다. 그에 비해 수필은 ①이 전부라 할 정도로 자유롭지 못하다.

3. 수필은 체험(사실) 기록의 문학이라 재미가 덜하다

젊거나 늙거나, 잘살고 못살고를 떠나 하루 밥 세 끼 먹는 게 인생이다. 삶도 그러한데 글도 있는 사실 그대로 기록하면 도진개진이다. 그래서 소설과 시는 작가가 경험한 체험과 사실을 있는 그대로 기술하지 않고 정형화된 틀을 벗어나려는 시도를 한다. 감동과 재미를 위해 상상력을 동원하고 허구를 끌어들인다. 그런 시도가 글에서 조미료 역할을 하고 때로는 청량제처럼 신선함을 준다. 그럼에도 수필문학은 있는 그대로의 체험, 경험의 기록과 느낌을 강조한다. 수필문학의 특성이기도 하다.

4. 상상과 허구를 동일시해서는 안 된다

삶의 기록이 기억이지만, 누구나 기억력에 한계가 있다. 시간이 흐르면 웬만한 것은 잊힌다. 그럴 때 상상력이 힘을 발휘한다. 기억을 재생해 낸다. 상상은 메마른 대 지위에 내리는 비처럼 삶을 윤택하게 하고 태깔을 빛나게 한다. 상상력의 사전적 의미는 실제로 경험하지 않은 현상이나 사물에 대하여 마음속으로 그려 보는 힘이라 했다. 그렇듯 상상은 인간이 생각하는 모든 작용이라고 보아야 한다. 그런데도 간혹 상상과 허구를 같은 개념으로 해석하는 우愚를 범한다. 넓게 해석하면 상상이나 허구의 차이가 모호하지만 별개로 구분하여야 한다. 허구는 상상의 일부일 뿐 전부는 아니다.

5. 허구 도입의 유혹

가. 감동과 재미를 자아내려고 작가들은 억지로 허구를 끌어들인다.

나. 작가의 경험 부족, 소재의 빈곤, 깊이가 없는 사색에서 온다.

- 곰국은 오래 우려내야 맛이 있다.

다. 시간에 쫓기는 원고청탁과 빈번한 작품 발표.

라. 작가의 우월주의와 조급성도 문제.

6. 허구 도입의 논쟁

■ 정진권 – 허구 도입에 적극적. 수필문학에서 허구성을 거부해야 할 아무런 이유가 없다. 과감하게 도입해야 한다는 입장. 사실

기록의 통념을 부정, 수필영역 확대

■ 김태길, 목성균, 이유식, 박영수 – 최소한의 허구는 인정

• 약간의 거짓말은 미덕美德.

• 뼈대가 바르면 조미료 치듯 또 간을 맞추는 정도의 허구는 들어가도 된다.

■ 이유식 – 독자가 인지할 수 없는 '기법(작법)론적 허구'와 반쯤 인지할 수 있는 '수사적 허구'로 분류.

■ 조동일 – 수필은 실제로 있는 사실을 전달하며, 전달을 위해 허구나 비유를 사용할 수 있는 일이다.

■ 김시헌 – 허구 도입에 반기. 허구를 도입할 경우에는 어떤 방법으로도 암시해야 한다.

• 허구는 전혀 없었던 사건을 새로 만들어 내는 일 .

• 나중에 주체험은 그대로 두되 주제를 살리기 위해 부분 수정은 가능하다며 수용 쪽으로 돌아선다.

■ 윤모춘 – 허구 수용 반대론 입장.

• 허구를 도입하면 수필의 본질을 망각하는 것.

• 수필을 말장난으로 빠뜨리게 하는 오류를 범하는 것.

■ 권대근 – 허구 수용은 신중해야 한다.

① 주제의 효과적 전달을 위해 소재나 화제의 일부분.

② 예술적 구성상 어쩔 수 없는 재료의 부분적 삽입이나 보충.

③ 개인적으로 유추되는 인과관계나 어떤 일에 부차적으로 따르는 상식.

④ 필자가 경험한 내용 중의 일부.

■ 김우종 - 수필 장르에 대한 분명한 개념 정립 없는 상태에서 문학성을 높이기 위한 의욕만 앞서 타 장르의 기법을 모방.(갈 곳 없는 수필 장르)

7. 수필문학에 대한 예의

1977년 《문학과지성사》에 발표한 이문구 소설 《관촌수필》은 6 · 25 전쟁 때 풍비박산된 가족사를 그린 소설이다. 하지만 작가는 상상력으로 짜인 허구가 아닌 실화에 토대를 둔 이야기들이라 소설 제목에 '수필' 이란 이름을 올렸다.

8. 허구 도입의 문제점과 우려

가. 허구가 지나치면 수필 고유의 본질과 속성을 무시하게 되어 수필 장르가 흔들린다.

나. 허구를 토대로 글을 쓸 수 있는 문학의 장르는 수필이 아니더라도 얼마든지 많다.

다. 독자 대부분이 '수필은 자기 체험의 문학이라고 알고 있는데, 허구라면 과연 어떻게 받아들일까?

- 허구라고 밝혀지면 감동은 사라진다.
- 허구를 도입한 수필가 자신이 막상 타인의 작품을 심사할 때 허구성이 드러나면 당선작에 올리겠는가?

9. 나오는 말

가. 하얀 거짓말, 빨간 거짓말

살다보면 바른 말만 하고 옳은 생각만 할 수 없다. 못해도 잘한다 하고, 못생겨도 근사하다고 해야 상대방은 좋아한다. 사실 그렇게 살아야 세상이 편하다. 곧이곧대로 하는 사람들을 융통성이 없는 사람이니, 재미가 없다느니 하며 부정적인 온갖 수식어를 갖다 붙인다. 상대방을 즐겁게 하는 '하얀 거짓말' 은 어느 면에서는 필요하다고 본다. 하지만 본의 아니게 들켜 '빨간 거짓말' 이라고 탄로 나면 '양치기 소년' 이 된다.

나. 허구를 '양념' 으로 삼든 '밥' 으로 만들든 작가의 양심에 직결된다고 본다.

수필문학에서의 허구는 예술성과 극적 감동을 위해, 그것도 꼭 필요한 경우에만 제한적으로 도입해야 한다지만 소설처럼 자유롭다면 수필로 보기 어렵다. 수필을 쓰는 입장에서는 허구도입에 신중해야 한다. 허구는 소설의 바탕이지 수필의 출발은 아니다. 지나친 도입은 내가 쓴 글일지라도 남의 글이 되고 만다.

〈네이버 국어사전〉

- 상상력 : 실제로 경험하지 않은 현상이나 사물에 대하여 마음속으로 그려보는 힘
- 창조력 : 새로운 것을 창조하는 힘이나 능력.
- 생각 : 1. 사람이 머리를 써서 사물을 헤아리고 판단하는 작용.

2. 어떤 사람이나 일 따위에 대한 기억.

• 허구 : 1. 사실에 없는 일을 사실처럼 꾸며 만듦.

2. 〈문학〉소설이나 희곡 따위에서, 실제로는 없는 사건을 작가의

상상력으로 재창조해 냄. 또는 그런 이야기.

• 거짓말 : 사실이 아닌 것을 사실인 것처럼 꾸며 대어 말을 함. 또는 그런 말

되돌아보기, 존재의 응시와 일상의 투시도透視圖법

한상렬 | 문학평론가

1. 들어가기

칼릴 지브란은 이름 그대로 '영혼의 위로자'요, '영혼의 치유자'다. 그의 아름다운 영혼의 언어는 불확실한 이 시대를 살아가는 우리에게 긍정적 사고와 행동으로 세상을 바라볼 것을 속삭인다. 무엇이 그를 아름다운 영혼의 순례자로 만들었을까? 그는 말한다. "작품을 만드는 유일한 방법은 내 속에 있는 최선의 것을 모두 끌어내는 것"이라고. 마음속 깊고 깊은 곳에 있는 어떤 것을 끌어내어 사물을 바라보는 작가적 태도, 이는 우리에게 내면세계의 자아를 통해 글을 써야 함을 웅변으로 말해준다.

말할 것도 없이 수필은 자기 영혼과의 만남이다. 하지만 모든 수필이 이런 영혼과의 만남을 불꽃으로 피워 올릴 수 있겠는가. 단순한 영혼 외에 그 어떤 분석이나 통찰도 진실로 그의 영혼과 속삭인 뒤에 영감에 찬 것이 아니라면, 독자에게 감동과 충격을 줄 수는 없을 것이다. 그렇기에 수필적 자아의 고독한 영혼 깊숙한 곳에서 자기 심령과의 속삭임으로 길어 올린 영감에 찬 글을 대할 때, 비로소 우리는 한 작가의 깊은 사상과 만나게 될 것이다. 그리고 한 작가의 영혼의 언어로 길어 올린 글일 때에 더 무엇을 바라랴.

루카치는 이런 수필을 일러 "좀처럼 붙잡기 힘든 인간 영혼의 가장 은밀한 곳에 자리 잡은 마음의 미세한 풍경"을 그리는 것이라고 하였다. 이 말은 진정한 수필적 글쓰기가 얼마만큼 우리의 감정을 순화하고 잠든 영혼을 불꽃으로 피워 올리는가를 생각하게 한다.

'임형묵林炯默'. 가만히 뜯어보면 매력 있고 빛나는 이름이다. 남자의 성품인 묵직함이 느껴져 행동이 가볍지 않으며 조용히 빛을 내니 신중하며 겸손하다. 작명가作名家는 아니지만 늘 그렇게 이름을 풀이해 왔다. 성공과 출세가 이름 속에 들어있기에 넉넉하지 않아도 배고파하지 않았다. 아픔이 다가와도 참아냈다. 거친 풍파와 세찬 바람이 다가오면 거쳐 가는 과정이라 여겼고, 내가 끌어안고 가야 할 운명이라며 거부하지 않았다. 먼 훗날 옹골찬 열매의 결실을 꿈꾸며 세상과 타협해 왔다.

-「수풀[林]에 맺힌 옹골찬 열매의 결실을 꿈꾸며」에서

사물에 대한 그의 투시법은 특이하다. 작가의 이름 석 자는 존재 응시의 단초다. 작명에 대한 해석이 예사롭지 않다. 거울에 비추어보듯 그는 자신의 얼굴을 투시하고 있다. 이는 존재의 성찰이요, 자기 관조다. 그는 주어진 운명에 거스르지 않고 순응하고 타협한다. 이런 의미의 해석은 그야말로 신중하고 겸손하다. 독백과도 같은 이런 성찰을 자기현시라 확대해석할 일이 아니다. 임형묵의 수필이 인간탐구의 지평에 서 있음을 감지하게 한다. 그의 수필이 행간의 기표보다는 기의에 치중해야함을 간파하게 한다. '옹골찬 열매의 결실을 위한' 작가정신은 이렇게 존재의 응시를 통해 한 세계를 열어가게 하는 모티브가 된다. 하여 그의 수필에서 펼쳐지는 세계의 진실은 '임형묵' 이라는 언어 기표의 배면에 숨어 있는 숨은 그림 찾기가 된다.

그런 그에게 또 하나의 이름이 있다. 원당元堂, 인터넷 카페나 블로그의 이름이다. "내가 어른이 되어서도 언제나 그 품에서 벗어나지 못해 그리워하는 나의 고향. 우리 가족들이 세상을 살아가면서 늘 어렵더라도 바른길을 가라고 일깨워 주는 터전. 오늘 가고 내일이 와도 기본을 중시하고 기본을 놓치지 않는 으뜸의 철학을 실천하려고 '원당'의 이름으로 또 하나의 세상을 살며 글을 쓴다."라고 그는 말하고 있다. 여기 고향이란 체험공간에 대한 애정 곧 '토포필리아Topophilia' 와 '인간탐구' 라는 그의 수필의 사회학적 근거를 찾게 하는 대목이다. 이는 대단히 중요한 임형묵 수필의 인자일 것이다. 말할 것도 없이 문

학이란 인간을 탐구하고 인생을 표현하는 언어예술이 아닌가.

이런 임형묵 수필의 경향성은 『20세기 문학의 결산』에서 "과거의 문학은 독자를 즐겁게 하는 것으로 그 사명을 다하는 위안의 문학이었지만, 오늘날의 문학은 독자에게 인생과 사회에 대한 문제의식을 제기하고 정신적인 구원을 추구하게 하는 구원의 문학이 되어야 한다."라고 한 알베레스의 언명을 떠올리게 한다.

이제 작가 임형묵의 수필을 통한 되돌아보기, 존재의 응시를 위한 그만의 투시도법을 찾아 나서고자 한다.

2. 되돌아보기 표정(1) - 존재의 응시

문학은 환경과 풍토 속에서 독특한 자기 얼굴을 그리게 마련이다. 여기서 작가의 얼굴은 도식적圖式的이거나 획일적 합리의 그릇으로 잴 수 없으며, 작가의 탁월한 정신을 담고 있다는 데서 그 나름의 신비로운 얼굴을 지니게 된다. 특히 인간은 자연과 별개의 존재가 아니라, 자연 속의 일부라는 생각을 떠올리게 한다. 이 말은 자연을 넓은 의미로 해석할 때, 인간은 자연 속에 극히 부분적 존재로 생각해야 한다는 발상이다. 인간은 자연과 대칭적 존재 혹은 별개의 관념으로도 설명할 수 있다. 자연이라는 구분은 인간에 의해서 형상화된 말이기에 인간을 떠난 자연이란 존재할 수 없다.

발산리는 화자의 고향을 닮았다. 그래 고향을 찾아가듯 그는 발산리를 찾아간다.

고향동네를 닮아 한 번 와보고 싶었던 발산리. 앞에는 하천이 흐르고 뒤로는 야트막한 산과 과수원이 병풍처럼 에둘러 있다. 촘촘하게 지어진 집 사이로 비닐하우스가 보이고 외양간에는 젖소들로 넘쳐난다. 동네가 둥그렇게 터를 잡은 데다 골목길이 여럿이라 숨바꼭질하면 좋을 것 같다. 야트막한 담에서 고개를 쑥 빼 밀고 속삭이듯 말해도 친구가 금방 방에서 나올 것만 같다.

–「발산리」에서

이렇게 화자의 되돌아보기는 고향 찾기로부터 시작된다. "어떤 할머니는 땅에 닿을 듯이 허리가 구부정하지만 내 집에 온 손님 문전박대하면 안 된다며 마당까지 나오신다. 낯선 나를 타향에서 돌아온 아들인 양 반기며 할아버지가 암수술을 하고 병원에 입원해 있는데 어떤 음식을 해주면 좋으냐며 별의별 것을 다 물으신다." 그게 고향이 아닌가. 고향은 바로 사람 사는 냄새가 나는 곳이다. 낯선 곳이면서도 낯설지 않은 곳. 그래 화자에게는 그 발산리라는 체험의 공간이 "자식을 걱정하는 어머니처럼 입 다물지 않고 짜증을 내지 않는 사람들이 모여 사는 발산리가 다시 돌아갈 고향이다."가 된다. 이는 공간에 대한 사랑, 토포필리아로서 "일터에서 돌아와 툇마루에 앉는 사람들에게서 나는 땀 냄새마저 구수하다."라는 생명애까지를 포괄한다. "야트막한 산과 과수원", "오롯이 서 있는 종탑", "머리에 수건을 둘러쓴 여인", "주인의 옷에서는 젖소 냄새가 난다."라는 이미지의 중첩은 바로 고향 그리기일 것이다.

여기서 우리는 한 작가의 체험적 공간의 넓이를 가늠하게 한다. 체험적 공간은 한 작가가 일상적 삶을 통해 존재의 문제를 탐색하게 하는 공간이기 때문이다. 그런데 작가에게 있어 이런 공간은 실상 그리 넓게 작용하지 못하는 하나의 벽을 만나게 된다. 볼노보Bollnow에 의하면 '체험 공간' 이란 "지금 현재 거기에 있는 문제로서, 인간이 그 속에서 구체적 생활을 하고 있는 공간이며, 인간의 구체적 생활에 대하여 열려 있는 공간을 의미한다."라고 하였다. 작가 임형묵에 이르면 이런 체험 공간이 아주 평이하면서도 보편적인 데에 머물고 있음을 보게 한다.

일반적으로 체험적 공간은 인간에게 있어 보호자이면서도 협박자로 또 통로이면서도 체류로서의 의미를 가질 뿐만 아니라, 이국 또는 고향이 된다. 또 전개 가능성의 공간으로 사용되기도 한다. 그런데 작가 임형묵의 경우에는 이런 체험적 공간이 존재의 탐색으로 나타나고 있다. 이런 전아하면서도 확고한 작가의 언술은 독자로 하여금 설득력을 갖게 한다. 수필적 체험의 확대가 되돌아보기를 통해 존재의 응시로 그만의 독특한 얼굴을 그려내고 있기 때문이다.

작가의 뒤돌아보기는 이뿐이 아니다. 수필 「반달」이나 「품바, 세월을 잇다」, 「물이시여, 바람이시여」에서 보듯, 작가의 시선은 자연과 합일한 존재의 응시에 닿아있다.

'반달' 이 그저 반달일 수만은 없는 이유는 작가의 시선이 남달라서일 게다. 전통적인 정서가 그에 이르면 그 모습이 전혀 다르게 전개된다. 서정을 서정 그대로 수용하지 않고, 자연과 인간의 합일이라는 융화와 동심체계를 통해 존재 인식의 국면에 닿아 있다.

> 달 아래서 몸을 드러내는 별. 사랑이 엷어지는 중년이 되면 남자가 수그러들듯 '개밥바라기별' 도 그러는가. 달 위에서 빛나고 있었는데 며칠 못 본 사이에 그 아래에 내려앉아 있다. 몸을 자꾸 낮추면 나중에는 어떻게 하려고. 자신의 존재를 가볍게 해서는 안 되는데. 별, 자전 방향이 지구나 다른 행성과 달리 반대라 해도 마음은 변치 말아야 한다. 수시로 마음 바꾸면 외로움만 남는다. 한 곳에 집중하지 못하는 사랑은 방황만 있을 뿐이다.
>
> –「반달」에서

반달이란 기표에 '사랑' 이란 기의를 담은 소재의 변용은 그의 수필이 적어도 문학화의 길로 향해 있음을 보여준다. 그래 그에게는 공원을 거니는 연인들에게서도 쓸쓸함이란 미적 감수성으로 치환되고, 아른아른한 추억을 되돌아보게 한다. "달이 뜨고 지기를 여러 번. 그렇게 시간이 흘러갔다. 그러던 어느 날 내게도 기적 소리와 함께 큐피드의 화살이 날아들었다."라고. 이처럼 그에게는 자연이 현상으로만 감지되지 않는다. 후설Husserl의 언명과 같이 "표출하는 사물의 현상"만이 아니라, "나에게 개방되어 있으며, 나를 반겨 맞아주며, 그 내부 깊숙이 들여다보게 해 주며, 그리로 나로 하여금 그 의식이 생각하는 것을 생각하게끔 하고 느끼게 해 준다."라는 데리다Derrida, Jacques의 언어중심적 사고에 천착해 있다.

「품바, 세월을 잇다」 역시 존재적 자각의 응시가 탁월하다. 특별한 화제는 아니다. 그저 우리가 일상에서 접하는 낯익은 화제에 작가의 시선이 머물러 있을 뿐이다. "누더기 차림의 패거리가 그리 가파르지 않은 언덕에서 쉬어갈 요량으로 터를 잡는다. 구경꾼들이 다가가자 그네들은 다시 일어나 북과 꽹과리를 치며 화답한다. 비위도 좋게 북채를 휘이훠이 흔들고 다리를 절룩거리며 병신춤을 춰댄다." 작가의 시선은 이들의 행동거지에 남다른 애정의 눈길을 보내고 있다. 작가는 여기서 사물에 대한 애정과 진정성을 보여준다. 항용 우리가 수필작품에서 쉽게 손에 넣을 수 있는 즉물적이거나 서사적 진행과정의 서술과 묘사가 아니다. 품바가 세월을 이어 우리에게 다가오는 메시지라는 사물의 외연과 기의에 치중함으로써 낯익음이 낯선 사유의 세계로 독자를 인도한다.

> 그네들은 아무 데나 짐을 풀고 아무 때건 우스꽝스러운 몸짓을 풀어낸다. 머리에 괴이한 보자기를 두르고 여러 색의 헝겊을 이어붙인 치마저고리 차림으로 세상을 노래한다. 그것은 서러움이다. 애환이다. 그네들의 손짓과 발짓엔 아픔이 있고 웃음 뒤엔 눈물이 있다.
>
> -「품바, 세월을 잇다」에서

수필문학이 인간 존재의 규명에 닿으려면 이렇게 현상을 뛰어넘는 작가의 해석이 뒤따라야 한다. 문학작품은 적어도 인간의 문제에 자리 잡고 있어야하기 때문이다. “살림살이가 넉넉하지 않아도 거렁뱅이들을 끄집어 앉혀 밥을 먹여 보내곤 했다.”라는 할머니를 떠올리는 것은 그저 뒤돌아보기가 아니다. 회억의 장면을 통해 삶, 그리고 존재의 문제를 규명하고자 하는 작가의 의도가 행간에 깔려 있다. 그리하여 “지금은 배곯지 않고 지낸다. 먹을 것 먹고도 남아 쌓아두고 산다. 그런데도 종종 허기를 느낀다. 그 허기는 배고픔을 넘어 쏟아져 내리는 운석처럼 내 몸 곳곳을 핥으며 날을 세운다.”라는 존재 응시의 메시지가 설득력을 갖게 한다.

작가는 지금 농군이 아니다. 하지만 그의 내면 감각은 언제나 농군이다. 마음 안에 토포필리아를 심고, 학교교육의 한 부분을 맡고 있다는 사실은 그야말로 진정한 농군임을 보여준다. 수필 「물이시여, 바람이시여」가 그러하다.

> 농부는 씨앗을 뿌리지만 열매를 맺게 하는 것은 하늘인가 봅니다. 아무리 농사를 잘 지어도 날씨가 고르지 못하면 농부의 바람은 수포로 돌아갑니다. 애쓴 보람도 없이 농부는 논에서 나와야 합니다. 자식 입에 밥 들어가고 논에 물 들어가는 것만 보아도 배부르다 했는데 올해엔 그런 말이 쑥 들어갈 것 같습니다. 정말이지 올해만큼은 수확한 벼를 논과 반타작해야 할 것 같습니다.

—「물이시여, 바람이시여」에서

물과 바람이 자연을 의미하는 기표라면, 농사를 짓는 농군과 불가분의 관계에 놓여 있다. 양자 사이의 합일과 조화는 존재 파악에 있어 대단히 중요한 인자가 된다. "논은 비어가는 뱃속을 채워주는 우리의 젖줄입니다. 그런데도 사람들은 개발이라는 명분아래 논밭을 갈아엎고 산과 들을 함부로 다루고 있지 않나요. 바라는 만큼 거두지 못했다고 하늘만 탓할 일이 아닙니다. 논에 물이 잠기고 바람이 길을 내는 건 제발 앞으로라도 그러지 말라고 하늘이 우리에게 경고하는 것은 아닐는지요."(「물이시여, 바람이시여」에서)란 자각은 '농사'라는 화소의 외연을 확대하게 한다. 이는 수필 「큰일」과 같은 맥락에 놓여있다. "들녘이 황금빛으로 수놓으면 메뚜기까지 너울너울 그네를 탄다. 벼가 잘 자라도록 기운을 북돋아 준 햇볕에 감사의 마음을 전하고 싶다. 거친 몸뚱이를 깎고 다듬어 논바닥의 흙살을 부드럽게 해준 바람의 손길도 고맙다. 그 뜨거운 여름날 목을 축여주고 영양이 돌도록 생명의 길을 터준 물의 은혜로움도 잊을 수 없다."(「큰일」에서)란 대목이 그러하다. 농사짓기는 바로 삶의 경영이요, 존재 해석의 단서이기 때문이다. 이렇게 작가의 되돌아보기는 그저 회감의 정서가 아니다. 존재의 인식은 상호 소통과 교감을 통해 건강한 삶을 영위하게 한다. "가을은 다시 옵니다. 넉넉하고 풍성한 결실을 안겨줄 가을 말입니다. 식량을 절반 밖에 거두지 못했지만 절망하지 않습니다."라는 언술은 바로 임형묵의 수필의 건강성이다. 이런 삶의 애정과 진지함이 독자에게 다가갈 수 있는 그의 수필의 진정성일 것이다.

3. 되돌아보기 표정(2) – 일상의 투시, 그 낯섦

우리는 누구나 일상적 삶을 살아간다. 일상적 경험은 보편적이고 통속적이다. 작가에게는 이런 일상 경험이 체험이라는 특수한 옷을 입고 언어가 지닌 미적요소를 구사하여 형상화하는 단계를 밟는다. 이 경우 고정관념은 우리들 삶의 안과 밖의 세계의 모습을 통해 변용이라는 내밀한 세계로 다가가게 마련이다. 따라서 우리가 체험하는 일상적 삶의 이야기가 곧장 문학작품으로 형상화하게 된다. 수필은 삶의 이야기 곧 인간학이라고 하겠다. 또한 수필문학은 관념의 형상화를 통해 작가와 독자 사이의 정서적이며 지적인 상호소통을 이루어내는 장르이다. 따라서 주제와 소재, 형식 사이의 결속력을 무엇보다 필요로 한다. 평면적 글쓰기에서 입체적 글쓰기가 필요한 것은 이 때문일 것이다. 전통적 문법을 사용하면서도 변화의 모색과 실험정신은 일상 속에 담겨진 보물을 찾는 일에 유효할 것이다. 그렇기에 무의미한 것들의 유의미화는 뒤집고 파헤치는 발상의 전환에서부터 이루어질 것이다.

작가 임형묵의 시선은 열려 있다. 그가 전개하는 수필의 양상은 다양한 얼굴을 취하고 있다. 한마디로 전통적 문법에서 한 발 물러서 새로움을 창조하고 있다. 일종의 실험적 사고다. 낯익은 사태를 낯설게 보고자 하는 전위적 태도가 잠시 독자를 혼란하게 하지만 이내 그의 참모습에 길들여진다. 고정관념의 탈피요, 주제와 소재, 형식의 결속력 강화일 것이다. 그리하여 수필 「2050」과 「가면假面」이란 환상적 수필이 탄생하며, 「먼산바라보기」와 같은 언어 기의에 충실한 포스트모던적인 수필을 창작해내고 있다.

> '시간 여행자의 아내' 의 남자 주인공 헨리가 과거 현재 미래를 넘나들며 사랑을 찾아가듯 다가올 미래를 기대하며 상상의 날개를 펴는 것도 재미있을 것 같다. 그때엔 '매트릭스' 의 가상현실처럼 인공 지능을 가진 컴퓨터가 인간의 기억을 지배하거나, 지구의 대체에너지를 찾아 파라도 행성을 탐험하는 '아바타' 와 같은 희한한 일이 눈앞에 펼쳐질지도 모른다.
>
> –「2050」에서

시간 여행. 화자의 상상은 시간의 공존을 통해 가상세계로 진입하고 있다. 숫자 2050은 다가올 미래사회인 2050년을 지칭함일 것이다. 가상적 현실, 이는 일종의 환상일 수도 있다. 그러나 미래사회의 가능성을 충분히 예단하게 하는 이런 발상은 문학의 또 다른 모습일 것이다.

생각해보라. 지금까지 우리는 사물을 보는 시각에 두 가지 새로운 인식의 변화를 가져왔다. 그 중, 하나가 일방적이고 단선적이었던 기존의 미디어와는 달리 쌍방향 복합적인 최첨단 미디어인 소위 멀티미디어다. 이들은 서로 겹치고 뒤섞여 상호교류하면서 새로운 형태의

복합체를 만들어간다. 그 결과 종래의 이분법적 가치판단에 의해 세워졌던 사물의 경계가 와해되기 시작했다. 따라서 장르의 해체나, 퓨전fusion 문화 또는 멀티미디어 예술 같은 것이 이런 맥락에서의 새로운 개념들일 것이다. 또 하나는 '대체문화'의 생성과 등장이다. 대체문화는 처음 기존 문화의 상호보완적 대안으로 창조되었으나, 이제는 기존 체계만큼이나 강력한 힘으로 부상하게 되었다. 컴퓨터가 만들어낸 사이버 공간은 실제 현실 공간만큼이나 막강한 힘을 갖게 되었으며, 디지털 테크놀로지가 창조해 낸 가상현실 역시 실제 현실과 대체할 만큼 자리바꿈이 가능해졌다는 점이다. 그 결과 지배문화, 중심문화가 더 이상 주변문화의 체제를 무시하지 못하고 공존하는 시대가 되었다. 수필쓰기에 있어 임형묵의 이런 실험정신은 이 시대의 새로운 아이콘이요, 패러다임일 것이다. 다만, 이런 수필의 경우에도 일상의 투시에만 머문다면 그 의미는 반감될 것이다. 존재파악의 분명한 메시지가 담겨있어야 문학의 소임을 다할 것이다.

수필 「가면假面」 역시 같은 맥락에 놓여 있다. 앞서의 「2050」에서 진일보한 작품이다. 현대인은 누구랄 것 없이 가면을 쓰고 살아간다. 마술을 빚는 사람에게도, 동네 대항 축구대회에도, 「파리의 대왕」의 어린 소년들도, 지역특산물을 홍보하는 축제의 마당에도 가면은 등장한다. 아니 우리는 인생이란 무대에 가면을 쓴 이들이다. 사뭇 낯익은 대상과 사물이지만 작가 임형묵의 손에 닿으면 일상을 투시하는 낯섦으로 나타난다. 그래 "세상은 만들어가는 사람들의 것이라 했던가. 밤무대 가수들도 마음의 빗장을 걷어내고 응어리진 사연을 풀어놓는다."라고 하였다. 이렇게 낯익은 소재의 낯섦을 통해 서정과 서사가 환상적 이미지와 결합함으로써 수필의 영역확대에 기여하고 있다. 신선한 표정의 진정성이 느껴진다.

> 밤하늘에 불꽃을 쏘아 올린다. 그 소리에 놀라 어둠의 저편에서 돌아온다. 지역 특산물을 홍보하기 위하여 마련된 축제의 마당이지만 그런 것은 상관 안하겠다는 듯 판이 흥건하다. 행사를 주최하는 기관에서 경품까지 내걸었으니 밤이 깊어가도 무대와 관객이 하나가 된다. 살살이꽃길을 걷거나 임시로 마련된 음식점에서 얼큰하게 술 한 잔 걸친 객꾼까지 합류해 판이 얼큰해진다. 나른한 오후가 눈뜨고 서늘해져 가는 저녁이 달아오른다.
>
> 내 몸도 덩달아 그 속으로 빨려든다.이 순간만큼은 탈을 쓰지 않아도 된다. 그 어떤 사악한 가면 놀이를 하지 않아도 된다. 야누스의 악몽에서 빠져나와 가슴속에서 우러나는 대로 흐느적거리고 그저 신명을 다해 춤추면 그만이다. 그러다보면 깨끗한 영혼이 자리할 것이다. 시름에서 벗어나 진정한 자유인으로 돌아갈 수 있을 것이다.
>
> 오늘은 날고 싶다.
>
> -「가면假面」에서

수필 「먼산바라기」는 언어구조학적 기의와 기표에 착안하고 있다. 치과병원의 한 장면이다. 화자는 지금 수술대에 올라 있다. 수술이 진행되는 과정을 '가-파'의 기표를 통해 기하학적 섬세의 정신을 유감없이 발휘한 실험적 작품이다.

가만히 수술대에 오른다. 옆방에서 나는 미세한 소리조차 그냥 흘려보내지 못한다. 수술 도구를 다루면 그 소리에 놀라 몸이 움찔움찔한다. 기다리는 시간이 두려워 아예 눈을 감는다. 누군가 수술실로 들어오는가 싶더니 내 목에 턱받이 천이 걸리고 얼굴 가리개가 씌워진다.

나는 안중에도 없다는 듯 둘이 도란도란 얘기를 나눈다. 귀에 익지 않은 목소리는 누굴까? 전담 간호사처럼 풋풋한 맛이 없다. 말끝이 올라가고 발음은 꼬부라진다. 늘 쓰는 우리말인데도 간혹 소통되지 않아 쩔쩔맨다.

다루는 이야기가 전문 용어라 제대로 알아들을 수 없지만, 치과 수술과 진료에 관한 내용 같았다. '귀에 익지 않은 목소리'는 궁금한 것도 많다. 치석을 제거하고 잇몸 주변을 소독하느라 정신없는 간호사에게 진료과정을 묻고 또 묻는다. 가르침을 받는 전문의 자랑을 하고 잇몸 절개와 봉합술, 발치拔齒와 마취 기술도 그에게서 배웠다며 묻지도 않은 말까지 한다.

-「먼산바라기」에서

이 수필은 전통적 수필이 지닌 양태를 그대로 보여주면서도 형태적으로 첫마디의 음절을 가나다순으로 배치하여 언어기표의 낯섦을 십

분 활용하고 있다. 따라서 의미파악에 있어 전혀 이질적이지 않으면서도 시각적인 효과를 배가함으로써 일상성에 식상한 독자에게 신선한 느낌을 준다. 이런 실험적 방법은 언어학적 측면에서 그 효과를 증대시킬 수 있을 것이다. 하지만 모든 수필에서 이런 실험이 가능하거나 의미가 있으리라는 판단은 지나친 예단일 것이다. 다만, 일상의 투시의 파격으로, 이는 역발상의 단면을 보여준다.

수필 「배롱나무의 전설」과 「진장골의 전설을 찾아서」는 '전설' 이라는 어휘의 강렬함이 다소 조화롭지 못하지만 '운명' 이란 철학적 해석을 담아 의미화하고 있다. "죽음과 절망의 한계 상황에서도 운명을 개척할 수 있다하지만 동쪽 화단에 심은 배롱나무처럼 자신의 삶을 어찌하지 못하는 경우도 있다."(「배롱나무의 전설」에서)라는 일상의 투시는 진장골이라는 공간배경을 중심으로 동일한 화제인 전설을 모티브로 하여 존재 문제에 천착하고 있다.

슬픔이 주는 고통이 심하면 눈물이 나오지 않는다고 했던가. 마을 사람들은 자식을 잃었을 때처럼 정적에 싸여 지냈다. 밤에 마실을 자주 가던 사람들도 문고리를 움켜잡고 있을 정도로 바깥출입을 자제했다. 수호신처럼 동네를 지켜주던 소나무가 그리 여럿 목이 잘려 나갔으니 앞으로 마을에 어떤 변고가 불어닥칠지 모른다며 불안에 떨었다. 사람들은 그게 다 구룡산을 지키는 신神의 노여움 때문에 화를 입은 거라고 웅성거렸다. 어떤 사람은 시집도 못 가보고 죽어나간 처녀귀신이 원한을 풀지 못해 심술을 부리는 거라고 수군거렸다. 잘못하다간 멀쩡한 사람도 무사하지 못할 거리며 하루빨리 제祭라도 올려 드리려 하고, 승천하지 못한 용에게도 하늘 길을 내주어야 한다며 야단이 났다.

—「진장골의 전설을 찾아서」에서

진장골을 찾아가는 화자의 마음이 그리 가볍지만은 않다. 몇 해 전에 내렸던 폭설을 기억하고 있어서이다. 구룡산 삿갓봉에 오른 길. 화자는 마을에 전해오는 전설의 자락을 밟는다. 음기淫氣가 가득한 골짜기, 남근 모양의 장승이 화자의 시선을 잡는다. "슬며시 아내의 얼굴을 올려다본다. 아내의 얼굴빛도 붉다."라는 결미의 여운이 수필의 맛을 느끼게 한다.

임형묵 수필의 일상의 투시는 「그 남자가 산속으로 들어간 까닭은」에서 절정에 이른다. 그 남자에 대한 단서는 이렇다. "남자는 문명이 닿지 않은, 때 묻지 않은 자연의 품속에서 살고 있습니다. 풀 한 포기 꽃 한 송이에 입 다물지 못하고 대하는 음식의 맛과 향에 환호하며 하루를 보냅니다. 삶을 고민하는 대신 뭘 만들어 먹을까 생각하고 고구마 잎을 보고 뜰에 난 풀을 뽑으며 잠자리에 듭니다." 자연과 벗하며 사는 사람. "구름도 쉬어 가고 바람도 잠들다 간다는 산골짜기 동네 장수. 첩첩산중이라 밤이 되면 별이 뜨고, 겨울이면 눈 내리는 소리까지 들린다는 곳. 안주인의 말로는 바깥양반이 건강이 좋지 않아 그곳까지 왔다고 하나 그 누가 보아도 별천지입니다."라고 했다. 그래 "가고 싶고 머물고도 싶은 곳." 그 공간에 화자는 마음을 부려놓는다. 그들은 왜 도시를 버리고 산속으로 들어간 것일까? 화자의 공간체험은 바로 장수 논개 생가마을이다. 수필의 전개는 그 남자가 산속으로 들어간 까닭을 단선형으로 전개하고 있다.

바깥양반은 기관지가 좋지 않았어요. 날이 습습한 날엔 늘 콜콜거렸어요. 평생 감기를 달고 산 거나 마찬가지예요. 매사에 짜증을 내고 어린애처럼 응석을 부리고. 그러니 가정이 편안했겠어요. 그 양반 때문에 쇠털같이 하고많은 날 걱정을 껴안고 살았죠. 생각해봐요. 자기야 아파서 그랬다지만 난 뭐예요. 맘고생 정말 많이 했어요. 애를 하나 더 낳아 키우는 게 났지, 그런 고생 누가 사서 하겠어요. 하지만 지금은 그런 걱정 안하고 살아요. 그분 건강도 몰라보게 좋아졌어요. 천식이 심했는데 언제 그랬느냐는 듯 기침도 잦아들고 잔병치레도 거의 안해요. 사람이 들지 않고 집이 멀어 자식 얼굴 일 년에 몇 번 못 보는 게 아쉽지만 그것 말고는 불편한 거 모르고 살아요.

–「그 남자가 산속으로 들어간 까닭은」에서

자연과의 합일을 꿈꾸는 내포작가의 언술을 통한 전망의 전개는 바로 작가 자신의 바람과 직조되어 이 수필에서 구체화되고 있다. 이런 일상의 투시는 현실과 이상 사이의 괴리를 좁히지 못하는 생활인의 소망과 합치된다. 이런 타자의 삶을 통한 인식의 출발은 일상에 매몰

된 우리들 삶에 활력을 불어넣기에 충분할 것이다. 이는 작가 임형묵 특유의 투시도법일 것이다. 어쩌면 고정관념과도 같은 그의 작법의 변화를 요구하는 장면이기도 하다. 수필문학의 인간학적 측면의 요구는 바로 여기에 있지 않나 싶다.

다음으로 임형묵 수필에서의 존재의 응시는 가족애, 작고한 선친에 대한 애정에서도 구체적으로 나타나 있다. 어머니의 반쪽이었던 아버지에 대한 그리움은 꽃 가꾸기에 대한 인유로부터 비롯된다.

> 어머니는 논밭 일을 하거나 장날 약장사 구경하는 것 빼고는 꽃에 붙어사신다. 집안 곳곳이 화단이요, 온통 사방이 꽃이다. 채송화와 맨드라미와 분꽃은 어렸을 적부터 마당에서 보아왔다. 동생들이 손톱에 봉숭아로 물을 들이는 것을 보고 꽃을 알아갔고, 담에 피어나는 나팔꽃을 바라보면서 내 마음에도 꽃을 심었다.
>
> –「어머니의 반쪽」에서

여기 꽃은 가족의 대리자이다. 어머니에게 있어 꽃은 가족이다. 장미가 어머니에게 애환이 서려 있는 꽃이라면, 모란은 아버지의 꽃이다. 남편에 대한 사랑과 가족을 향한 어머니의 보호본능. 그래 "집안 곳곳이 화단이요, 온통 사방이 꽃"이다. 그 꽃 한 송이를 가꾸는 마음 안에 지난날을 돌아보는 회환의 정서가 담겨 있다. 그 내력인가. "마음으로 가꾸며 삭히며 익혀내는 자식도 꽃이다. 자식은 어머니가 정성을 다해 가꾸며 만들어 가는 꽃이다. 당신 몸으로 낳은 자식들이 몸에 난 가시로 찌르건, 잎사귀를 떨어뜨리건, 누구든 가리지 않고 가슴으로 안고 간다. 나는 어떤 꽃일까?"라는 결미의 언술이 독자들에게 설득력 있게 다가간다.

「대추나무와 아버지」나 「아버지의 과수원」 역시 같은 맥락에 놓여 있다. 화자는 대추나무를 바라보고 있다. 30여 성상을 지낸 나무가 그 날따라 그 기세가 안타까워 보인다. 여기 대추나무는 아버지와 동격이요, 과수원은 아버지를 회상하게 하는 매체이자 체험의 공간이다. 아버지를 대추나무에 빗대어 작고한 선고先考에 대한 정서적 회감으로 충일한 그의 수필에는 일상의 응시를 통한 존재의 의미를 탐색하고자하는 작가 정신이 빛난다.

> 아버지의 몸은 이른 나이부터 탁류가 흐른 셈이다. 아름다운 몸으로 호흡해도 모자랄 판에 일그러진 물의 결정을 지니고 평생을 산 것이다. 물마저 사람의 목소리를 알아듣는데 두 분의 사이가 그리 서먹서먹했으니 사랑의 결정체가 반듯할 리 없다. 힘든 일이 닥칠 때마다 앞에서 끌고 뒤에서 밀어주어야 하는데 흙탕물을 걸러내지 못했으니 두 분의 삶이 안타까울 뿐이다.
>
> 아버지의 손을 잡아 본다. 온기가 전해오지 않는다. 창을 통해 들어오는 계곡은 아버지의 모습을 빼닮았다. 굽이굽이 파인 골짜기는 오래도록 논과 밭을 휘돌아 치던 아버지의 나이테다. 거북등처럼 변한 산 구릉은 거칠고 거칠어진 아버지의 손등이

다. 그토록 자식들에게 감추고 싶어 했던 아버지의 그늘이다.

–「대추나무와 아버지」에서

우리들 삶을 일상이라 한다면, 그 일상을 투시하는 작가의 혜안이 그만의 투시도법을 따라 진솔하고도 소박하게 구체화되고 있다. 대추나무가 그렇듯, "복숭아나무도 아버지의 운명을 따라가나 봅니다. 해가 갈수록 세력이 약해집니다. 밑동이 병들고 가지가 부러지고 영양분을 제대로 받지 못해 말라 죽는 것도 있습니다. 쉬 늙어버린 아버지처럼 여린 바람에도 흔들립니다."라는 독백은 존재의 자각이요, 성찰이다. "햇살 부서지고 복숭아는 익어 가는데 아버지가 보이지 않습니다."라는 독백은 현상학적으로 현재의 나를 되돌아보는 자기 응시의 묘법이겠다.

4. 나가기

지금까지 필자는 임형묵의 에세이 『오늘은 날고 싶다』에 구현된 수필세계를 몇 작품에 한정하여 살펴보았다. 전체를 통괄하지 못해 혹 숲만 보고 나무를 살피지 못한 점이 있을 지도 모른다. 하지만 단편적인 작품세계의 고구가 곧 한 작가의 진면목일 수도 있다.

수필작가 임형묵의 목소리는 소박하면서도 잔잔하다. 건강하고 따뜻한 인간의 체온을 느끼게 한다. 낮으면서도 강렬한 톤을 지니고 있다. 그의 수필은 교시적이거나 경쾌한 말발굽이 아니다. 시냇물의 흐름과도 같이 그저 잔잔하게 흘러간다. 시간과 공간을 공존하면서 아름다운 물굽이를 이루며 굽이 따라 자연스럽게 흘러간다. 그러나 그 파장만큼은 강렬하다.

『명심보감』의 격양시擊壤詩에는 이런 대목이 있다. "평생 눈썹 찡그릴 일을 하지 않으면 세상에 이를 갈 사람이 없으리라. 위대한 명성이 어찌 저 미련한 돌에다 새기는 데에 있겠는가. 길바닥 행인의 입술이 비碑를 이김에랴." 돌에 새기는 명성은 참으로 위대한 명성이 아닐 것이다. 오히려 구비口碑에 새겨지는 명성이야말로 비석에 새기는 명성을 능가할 것이다.

임형묵의 수필은 비록 비석에 새겨지는 걸작은 아니어도 잔잔하게 독자의 가슴을 파고드는 영혼의 언어로 직조되어 감동이라는 마력을 느끼게 한다. "되돌아보기, 존재의 응시와 일상의 투시도透視圖법"과도 같은 그가 펼치는 수필세계의 순수가 독자를 사로잡을 것으로 보아 그의 새 지평을 기대한다.

임형묵 에세이

오늘은 날고 싶다

인 쇄 / 2011년 9월 25일
발 행 / 2011년 9월 30일

지은이 / 임 형 묵
펴낸이 / 서 정 환
펴낸곳 / 수필과비평사

등 록 / 1984년 8월 17일 제28호
주 소 / 서울시 종로구 익선동 30-6
운현신화타워 빌딩 2층 208호
전 화 / (02) 3675-5633 (063) 275-4000
E-mail / essay321@hanmail.net

값 10,000원

ISBN 978-89-5925-908-3 03810

*이 책은 충청북도 문화예술 진흥기금 일부를 지원받아 발간되었습니다.